AbiWissen kompakt

Geschichte

Deutschland nach 1945

von Claus Gigl

Ernst Klett Verlag
Stuttgart Düsseldorf Leipzig

Claus Gigl ist Gymnasiallehrer für die Fächer Geschichte und Deutsch in Bayern und in der Aus- und Fortbildung für Lehrer tätig.

9 783129 298435

Bibliographische Information Der Deutschen Bibliothek
Die Deutsche Bibliothek verzeichnet diese Publikation in der Deutschen Nationalbibliographie; detaillierte bibliographische Daten sind im Internet über http:/dnb.ddb.de abrufbar

Auflage 4. 3. 2. 1. | 2008 2007 2006 2005
Die letzten Zahlen bezeichnen jeweils die Auflage
und das Jahr des letzten Druckes.

Internetadresse: http://www.klett.de
DTP: Ulrike Eisenbraun
Druck: Druckhaus Beltz, Hemsbach
ISBN: 3-12-929843-6

Inhaltsverzeichnis

1945 – 1949

Von der Anti-Hitler-Koalition zur Gründung der beiden deutschen Staaten

Von der One-World-Politik zur Containment-Politik 7

Die Nachkriegssituation in Europa

1 Die Potsdamer Konferenz 9
2 Flucht, Vertreibung und „displaced persons" 10
3 Die Berlin-Blockade 11
4 Die Anfänge eines geeinten Europas 12

Situation in den westlichen Besatzungszonen

1 Die „Stunde Null" 13
2 Entnazifizierung und Nürnberger Prozess 14
3 Politischer Neuanfang 15
4 Wirtschaftspolitische Entscheidungen 18
5 Gründung der Bundesrepublik Deutschland 19

Verhältnisse in der östlichen Besatzungszone

1 Die Situation nach dem Zusammenbruch 23
2 Sowjetisierung der SBZ 23
3 Wirtschaftliche Veränderungen in der SBZ 24
4 Gründung der DDR 25

Zeitleiste: Von der Anti-Hitler-Koalition zur Gründung der beiden deutschen Staaten 28

1949 – 1969

Kalter Krieg und Wirtschaftswunder

Der Ost-West-Konflikt 29

Europa im Aufbruch

1 Der Prager Frühling 1968 32
2 Die Anfänge der Europäischen Gemeinschaft 33

Die Entwicklung der Bundesrepublik Deutschland

1 Deutschland unter Adenauer 35
2 Wiederbewaffnug und Westorientierung 36
3 Die Stalin-Noten (1952) 37
4 Wirtschaftswunder unter Ludwig Erhard 39
5 Das Ende der Ära Adenauer 40
6 Die Regierungszeit Ludwig Erhards 41
7 Große Koalition und APO 42

Die Entwicklung der DDR

1 Umgestaltung nach sowjetischem Muster 46
2 Das Krisenjahr 1953 47
3 Fluchtbewegung und Mauerbau 49
4 Wirtschaftliche Stabilisierung 52
Zeitleiste: Kalter Krieg und Wirtschaftswunder 53

1969 – 1989

Die Wandlung des Ost-West-Verhältnisses bis zur Maueröffnung

1 Rüstungsbegrenzung der Supermächte 54
2 Die KSZE-Verhandlungen 55
3 Politik der Stärke in Ost und West (1975 – 1985) 56
4 Gorbatschows Reformprogramm 57

Europa vor der Einigung

1 Die Europäische Gemeinschaft 59
2 Aufbruch in Osteuropa 60

Die Entwicklung in der Bundesrepublik Deutschland

1 Die Regierungszeit Willy Brandts 62
2 „Mehr Demokratie wagen" 62
3 Neue Ostpolitik 64
4 Brandts Machtverlust 66
5 Die Regierungszeit Helmut Schmidts 67
6 Bürgerinitiativen und „Die Grünen" 69

7 Die Regierungszeit Helmut Kohls 70
8 Kontinuität in der Ostpolitik 72
9 Wirtschafts- und Sozialpolitik 73

Die Situation in der DDR
1 Die Ära Honecker 74
2 „Real existierender Sozialismus" 75
3 Der „Fall" Biermann 76
4 Wirtschaftlicher Niedergang 77
5 Friedliche Revolution und Zusammenbruch 78
Zeitleiste: Die Wandlung des Ost-West-Verhältnisses bis zur Maueröffnung 84

Nach 1989
Neue weltpolitische Konstellationen und wiedervereinigtes Deutschland
1 Der Zerfall der UdSSR 85
2 Schwerpunkte der Außenpolitik der USA 86

„Neue Unübersichtlichkeit" in Europa
1 Veränderungen in Osteuropa 88
2 Die Europäische Union 89

Der deutsche Einigungsprozess 1990
1 Schritte zur Wiedervereinigung 91
2 Die Volkskammerwahl vom 18. März 1990 91
3 Währungs-, Wirtschafts- und Sozialunion 92
4 Der Einigungsvertrag 94
5 Die Vereinigung Deutschlands als internationales Problem 95
6 Die Zwei-plus-Vier-Gespräche 96
7 Vereinigung der beiden deutschen Staaten 97

Deutschland nach der Wiedervereinigung

1 Probleme der deutschen Einheit 99
2 Neuorientierung der deutschen Außenpolitik 101
3 Der Regierungswechsel 1998 102
Zeitleiste: Neue weltpolitische Konstellationen und wiedervereinigtes Deutschland 104

Prüfungsvorbereitung

1 Was sind geschichtliche Quellen? 106
2 Wie geht man mit Quellen um? 107
3 Der richtige Umgang mit Fragen 109
4 Tipps für die schriftliche Prüfung 111
5 Checkliste: Bearbeitung einer Aufgabe aus dem Fach Geschichte 113
6 Tipps für die mündliche Prüfung 115

Register 117

Schlüsseldaten der Geschichte nach 1945 Ausklappkarten

Von der Anti-Hitler-Koalition zur Gründung der beiden deutschen Staaten

Von der One-World-Politik zur Containment-Politik

Bereits am Ende des Zweiten Weltkriegs arbeiteten die USA und die UdSSR zusammen, um das Hitler-Regime in die Knie zu zwingen. Doch dieses Zweckbündnis zeigte immer mehr Risse, die durch den Systemgegensatz und das tagespolitische Geschehen vertieft wurden. Trotzdem hielten die USA unter Präsident Roosevelt auch nach Kriegsende an der Konzeption der **One-World-Politik** fest, die davon ausging, dass auch künftige Konflikte in Verhandlungen einvernehmlich gelöst werden würden. Die Vereinten Nationen (UN) sollten dafür den institutionellen Rahmen bilden. Noch Roosevelts Nachfolger Truman dachte den USA nur eine Vermittlerrolle in weltpolitischen Krisensituationen zu. Da er den baldigen Abzug der amerikanischen Truppen aus Europa anstrebte, um den Krieg in Asien siegreich beenden zu können, stimmte er auch dem Potsdamer Abkommen mit all seinen ungeklärten Detailfragen zu.

Bald wurde aber deutlich, dass sich eine gemeinsame Politik nach Kriegsende nicht fortsetzen lassen würde, da die UdSSR an einem Ausbau ihrer Machtposition interessiert war. Stalin versuchte den sowjetischen Einflussbereich nach Westen zu verschieben. Er unterstützte

- die Expansion der Sowjetunion nach Westen (z.B. Polen),
- die Errichtung von Satellitenstaaten (Tschechoslowakei, Ungarn, Rumänien und Bulgarien) und
- die Bildung von kommunistischen Marionettenregierungen (z.B. in Polen).

Als sich die **Sowjetisierungspolitik** der UdSSR auch gegen Staaten wie die Türkei und Griechenland richtete, die nicht ihrem traditionellen Einflussbereich zugerechnet wurden, änderten die USA ihre Haltung. Der britische Premierminister Churchill sprach von einem **„Eisernen Vorhang"**, der sich auf der Linie Triest-Stettin durch Europa zog. Truman erklärte im Frühjahr 1947 die Unverletzlichkeit der bedrohten Staaten **(Truman-Doktrin)** und sagte ihnen finanzielle Unterstützung, die so genannte **Marshallplan-Hilfe** (benannt nach dem späteren Außenminister der USA), zu. Das war das Ende der One-World-Politik, die USA läuteten mit dem Übergang zur **Containment-Politik** die Eindämmung der sowjetischen Expansion ein.
Die Sowjetunion beantwortete die neue Strategie der USA mit der Bildung des Kommunistischen Informationsbüros **(Kominform)**, das nach außen hin dem Erfahrungsaustausch der kommunistischen Parteien, in Wirklichkeit aber der Durchsetzung des sowjetischen Führungsanspruchs diente. In diesem Zusammenhang proklamierte die UdSSR die **Zwei-Lager-Theorie**, nach der sich Ost und West unversöhnlich gegenüberstehen:

Zwei Lager-Theorie der UdSSR

Östliches Lager unter der Führung der UdSSR	**Westliches Lager unter der Führung der USA**
- antiimperialistisch	- imperialistisch
- friedliebend	- aggressiv
- demokratisch	- antidemokratisch

Die Nachkriegssituation in Europa

1 Die Potsdamer Konferenz

Schon während des Zweiten Weltkriegs kamen die alliierten Staatschefs in Casablanca, Teheran und Jalta zusammen, um die Nachkriegsordnung und den Umgang mit einem besiegten Deutschland zu diskutieren. Die wichtigste Konferenz der Anti-Hitler-Koalition fand erst nach Kriegsende vom 17.7.–2.8.1945 in Potsdam statt. Anwesend waren Präsident Truman (USA), Premierminister Churchill bzw. Attlee (GB) und Stalin für die UdSSR. Folgende weltpolitischen Themen wurden erörtert:

- Friedenssicherung durch Konferenzen der Alliierten, die späteren Außenministerkonferenzen,
- Gründung der Vereinten Nationen als Schlichterinstanz (in der Nachfolge des Völkerbundes und auf Grundlage der Atlantik-Charta vom August 1941),
- Vorbereitung von Friedensverträgen.

Daneben ging es auch um den Umgang mit Deutschland. Folgende **Vereinbarungen** wurden getroffen:

- Deutschland bleibt eine politische und wirtschaftliche Einheit, der Alliierte Kontrollrat aller vier Besatzungsmächte verwaltet Deutschland gemeinsam (Prinzip: Einstimmigkeit).
- Die Gebiete östlich der Oder-Neiße-Grenze kamen unter polnische, der nördliche Teil Ostpreußens unter sowjetische Verwaltung. Die deutsche Bevölkerung sollte auf humane Art umgesiedelt werden.
- Die deutsche Wirtschaft sollte unter Kontrolle der Alliierten stehen, die Produktion auf landwirtschaftliche Erzeugnisse und Verbrauchsgüter beschränkt sein.

Da aufgrund der Systemkonflikte eine Einigung zwischen der UdSSR und den USA nicht möglich war, verständigten sich die Vertreter der Alliierten lediglich auf Begriffe, die unterschiedlich ausgelegt werden konnten:

Die 5 D's	Bedeutung der Bestimmungen
Demilitarisierung	zur Entmilitarisierung Deutschlands
Dezentralisierung	zum Schutz Europas vor Deutschland
Denazifizierung	zur Verhinderung des Nationalsozialismus
Demokratisierung	zur Errichtung der Demokratie
Demontagen	zum Aufbau der Industrien der Alliierten

2 Flucht, Vertreibung und „displaced persons"

Die Besatzungspolitik der Nationalsozialisten in den osteuropäischen Ländern rief einen allgemeinen Hass hervor, der sich in der Endphase des Zweiten Weltkriegs auf die im Osten ansässige deutsche Bevölkerung entlud. Über 12 Millionen Menschen ergriffen die Flucht nach Westen oder wurden Opfer der Vertreibung, die nach dem Potsdamer Abkommen im Baltikum, in Polen, der Tschechoslowakei, in Ungarn, Jugoslawien und Polen einsetzte. Etwa zwei Millionen Menschen kamen dabei ums Leben.

In den vier Besatzungszonen lebten aber auch etwa 8,5 Millionen Menschen, die keine Deutschen waren. Sie waren meist als Zwangsarbeiter oder KZ-Häftlinge nach Deutschland gebracht worden. Diese „displaced persons" (DPs) wurden bei Kriegsende in ihre Heimatländer oder in andere europäische Staaten umgesiedelt.

3 Die Berlin-Blockade

Die geteilte Stadt Berlin lag als Insel in der **sowjetisch besetzten Zone** (SBZ). Schon 1945 wollten die Sowjets ganz Berlin annektieren. Im Frühsommer 1948 sahen sie dafür eine Chance: Die drei Westmächte (USA, GB, Frankreich) hatten am 20.6.1948 in ihren Zonen eine Währungsreform durchgeführt, der einige Tage später die Währungsreform in der SBZ folgte. Als daraufhin der sowjetische Militärgouverneur dem Berliner Senat befahl, die Ost-Mark in Ganz-Berlin einzuführen und dieser sich weigerte und stattdessen die DM-West als Zahlungsmittel einführte, unterbanden die Sowjets den gesamten Verkehr zu Wasser und zu Lande von und nach Berlin; die geteilte Stadt war damit vom Westen abgeschnitten.

Um den Zugang nach West-Berlin zu sichern, richteten die USA auf Anregung von General Clay ab dem 25.6.1948 die so genannte **Luftbrücke** ein, die die Versorgung der 2,5 Millionen Menschen auf dem Luftweg gewährleistete. Während der elf Monate andauernden Versorgung aus der Luft wurden fast 1,5 Millionen Tonnen Lebensmittel, Brenn- und Baustoffe sowie Medikamente und andere wichtige Güter nach West-Berlin gebracht. Am 12.5.1949 wurde die Blockade Berlins durch die Sowjets schließlich beendet. Diese hatten erkannt, dass sie die Einführung der West-Mark für Ganz-Berlin nicht verhindern konnten und dass eine Fortsetzung der Blockade nur ihr Image ruinieren würde. In Geheimverhandlungen mit den USA einigte man sich schließlich auf den freien Zugang nach West-Berlin.

Folgen der Berlin-Blockade:

- Die Bevölkerung der gesamten westlichen Welt fühlte sich mit den Einwohnern Berlins solidarisch.
- Berlin blieb in der Verantwortung der vier Siegermächte.
- Die UdSSR hatte einen Prestigeverlust erlitten.
- Die innerstädtische Grenze Berlins blieb bis zum Mauerbau 1961 offen.

4 Die Anfänge eines geeinten Europas

Bereits 1946 hatte Churchill die Idee der **„Vereinigten Staaten von Europa"** vertreten; diese sollten westlich-liberal-demokratisch organisiert sein und sich dem entstehenden Ostblock entgegenstellen. Europa würde demnach als dritte große Kraft zwischen den sich entwickelnden Supermächten einen eigenen Platz in der Weltgeschichte einnehmen.

Am 16.4.1948 wurde in Paris von 17 Staaten und den drei westlichen Militärgouverneuren zur Verteilung der Marshallplan-Gelder die Gründung der „Organization for European Economic Cooperation" **(OEEC)** beschlossen.
Am 4.4.1949 wurde in Washington die North Atlantic Treaty Organisation **(NATO)** gegründet. Sie basiert auf einem europäischen Bündnis zwischen Frankreich, Großbritannien und den Benelux-Staaten, das ursprünglich gegen ein wiedererstarktes Deutschland gerichtet war. Die Teilnahme der USA und Kanadas, später auch anderer europäischer Länder, gab ihm eine andere Zielrichtung. Die Expansion der UdSSR im beginnenden Kalten Krieg und die Ablehnung des Marshallplans in Osteuropa ließen ein westliches Verteidigungsbündnis notwendig erscheinen.

Situation in den westlichen Besatzungszonen

1 Die „Stunde Null"

Von Deutschland ist der Zweite Weltkrieg ausgegangen, der etwa 60 Millionen Menschenleben kostete, der Europa in weiten Teilen zerstörte und die Machtverhältnisse auf der Welt völlig veränderte.

Auch Deutschland gab es nach 1945 nur noch als Begriff; „Deutschland" existierte nicht mehr:

- nicht als staatliches Gebilde (durch die Teilung in Besatzungszonen),
- nicht als politisches Gebilde (die Alliierten hatten die Regierungsgewalt übernommen),
- nicht als geografische Einheit (durch die Veränderung der Grenzen).

Kaum noch etwas war wie vorher; man spricht in diesem Zusammenhang oft von der „Trümmerzeit", der „Zusammenbruchgesellschaft" und der „Stunde Null".

Die Stunde Null

ca. 7,3 Millionen Tote

ca. 5 Millionen zerstörte Wohnungen

völlig unzureichende Nahrungsmittelversorgung

Schwarzmarkt

stark beschädigte Infrastruktur

zerstörter Nationalstaat

Herrschaft von Besatzungsmächten

Verlust der Ostgebiete

zerrissene Familien

ca. 12 Millionen Flüchtlinge

Sach- und Geldverluste, Armut

Eingliederung der Flüchtlinge

Belastung der „Trümmerfrauen"

2 Entnazifizierung und Nürnberger Prozess

Die amerikanische Direktive JCS 1067 vom 26.4.1945 besagte: „Deutschland wird nicht besetzt zum Zwecke seiner Befreiung, sondern als ein besiegter Feindstaat". Damit war das vorrangige Ziel der Westalliierten festgeschrieben: Die Verhinderung einer künftig von Deutschland ausgehenden Bedrohung durch Schwächung des in Deutschland vorhandenen Potenzials.

Die **Entnazifizierung Deutschlands** war die logische Folge dieser Sichtweise; sie umfasste:

- Verbot der NSDAP und der ihr nahe stehenden Organisationen,
- Entflechtung von Großindustrie und Großbanken,
- Umerziehung („reeducation") des deutschen Volkes,
- Entfernung von Nationalsozialisten aus führenden Positionen,
- Bestrafung von aktiven Nationalsozialisten.

Die Entnazifizierung in den Westzonen dauerte bis 1950. Ihre Ziele wurden kaum erreicht. Die Klassifizierung der Betroffenen in Hauptschuldige, Belastete, Minderbelastete, Mitläufer und Entlastete sollte durch Fragebögen erreicht werden, was in der Praxis nicht möglich war. Viele Nazis kamen deshalb ungeschoren davon und erhielten oft noch einen so genannten „Persilschein", der sie von allen Vorwürfen entlastete.

Die 24 Hauptverantwortlichen für die Nazi-Verbrechen wurden ab November 1945 in Nürnberg vor ein internationales Gericht gestellt. Die Anklagepunkte im Nürnberger Prozess lauteten:

1. Verbrechen gegen den Frieden
2. Kriegsverbrechen
3. Verbrechen gegen die Menschlichkeit.

Nach einjähriger Verhandlung wurden 12 Angeklagte zum Tod verurteilt, 7 Angeklagte zu langjährigen bzw. lebenslangen Haftstrafen verurteilt, 3 Angeklagte freigesprochen, NSDAP, Gestapo, SS und SD zu verbrecherischen Organisationen erklärt. Die zum Tod verurteilten NS-Funktionäre wurden am 16.10.1946 hingerichtet.

Beurteilung des Nürnberger Prozesses:

- Negative Aspekte:
  - Die Richter stammten aus den Siegerstaaten (Vorwurf der „Siegerjustiz").
  - Der Anklagepunkt „Führen eines Angriffskriegs" war bis zu diesem Zeitpunkt nicht unter Strafe gestellt (Vorwurf, gegen den Rechtsgrundsatz „Keine Strafe ohne Gesetz" verstoßen zu haben).
  - Es wurden nur deutsche, nicht alliierte Kriegsverbrechen abgeurteilt (Vorwurf der Ungleichbehandlung).
- Positive Aspekte:
  - Die NS-Führungsspitze wurde unwiderruflich ausgeschaltet.
  - NS-Verbrechen wurden in einem bisher nicht bekannten Ausmaß enthüllt.
  - Das internationale Recht wurde durch den Prozess weiterentwickelt.

3 Politischer Neuanfang

Der Neuanfang sollte von politisch unbelasteten Deutschen durchgeführt werden. Die Alliierten griffen deshalb bei der Besetzung von Ämtern in Politik und Verwaltung, aber auch bei der Vergabe von wichtigen Positionen in der Wirtschaft vorwiegend auf Gegner des NS-Regimes zurück, die emigriert oder geflohen waren und nun allmählich nach Deutschland zurückkehrten. Besonders in der amerikanisch besetzen Zone wurde auf einen Aufbau der Demokratie von unten nach oben Wert gelegt.

Politischer Neuanfang in der amerikanischen Zone:	
19.09.1945	Konstituierung der Länder Bayern, Württemberg-Baden und Hessen
17.10.1945	Errichtung eines „Länderrats des amerikanischen Besatzungsgebietes" (bestehend aus den Ministerpräsidenten der drei Länder)
15.11.1945	Selbstverwaltungsrecht für Gemeinden und Kreise
26.12.1945	erste freie (Gemeinderats-)Wahlen in Deutschland
1946	Landtagswahlen

Politischer Neuanfang in der britischen und französischen Zone:
In der britischen Zone entstanden die neuen Länder erst später: Nordrhein-Westfalen und Schleswig-Holstein im August 1946, Niedersachsen im November 1946. Diese Länder hatten wesentlich weniger Befugnisse als die in der amerikanischen Zone, ebenso verhielt es sich mit den Ländern der französischen Zone Rheinland-Pfalz, Württemberg-Hohenzollern und Süd-Baden (1946).

Erste Ansätze zur **Gründung bzw. Wiedergründung politischer Parteien**, deren Zulassung schon im Potsdamer Abkommen vorgesehen war, gab es schon unmittelbar nach dem Zusammenbruch im Mai 1945. Vor allem die junge Generation strebte nach neuer geistiger, moralischer und politischer Orientierung. Zudem wollte man versuchen, auf parteipolitischer Ebene Einfluss auf die Besatzungsmächte und die weitere Entwicklung in Deutschland zu nehmen.

Die Amerikaner und Briten standen der Entstehung von Parteien grundsätzlich positiv gegenüber und favorisierten ein Zwei-Parteien-System. Die Franzosen verhielten sich abwartend. Alle

Westalliierten sahen aber in der demokratischen Grundeinstellung die unbedingte Voraussetzung für die Genehmigung einer politischen Tätigkeit von Deutschen.

Ab Herbst 1945 wurden nach und nach folgende politische Parteien in den Westzonen zugelassen:

- **CDU** (christliche Volkspartei, vereinte Katholiken und Protestanten, Durchsetzung einer eher konservativen Richtung unter Konrad Adenauer, Absage an sozialistische Tendenzen, Entscheidung für die soziale Marktwirtschaft, seit 1950 als Bundespartei aktiv)
- **CSU** (christliche Volkspartei, bewusstes Eintreten für den Föderalismus und die Eigenstaatlichkeit Bayerns)
- **SPD** (Partei mit der längsten Tradition, Wandlung der Arbeiterpartei zur Volkspartei unter Kurt Schumacher, Abgrenzung zu den Kommunisten, Entscheidung für einen demokratischen Sozialismus, Bemühen um eine gerechte Wirtschaftsordnung)
- **FDP** (Zusammenschluss liberaler politischer Gruppen, Parteigründung auf dem Heppenheimer Parteitag 1948, Fortführung liberaler Traditionen der Weimarer Republik, zentrale Werte: „Nation", „Freiheit" und „Menschenwürde").

Daneben entstanden kleinere Parteien wie die **KPD**, das **Zentrum**, die **Niedersächsische Landespartei**, die **Bayernpartei**, die **Wirtschaftliche Aufbauvereinigung**, der **Bund der Heimatvertriebenen und Entrechteten**, die **Deutsche Reichspartei** und die **Sozialistische Reichspartei**, die aber im politischen Leben der frühen Bundesrepublik keine nennenswerte Rolle spielten.

4 Wirtschaftspolitische Entscheidungen

Im Potsdamer Abkommen wurde festgelegt, dass Deutschland als wirtschaftliche Einheit behandelt werden sollte; trotzdem wurde es in ein östliches und ein westliches Reparationsgebiet geteilt. Dies stellte einen Widerspruch dar, der bald zu Konflikten führte, da die Besatzungsmächte mit den Reparationen unterschiedlich umgingen. Der UdSSR waren aufgrund ihrer immensen Verluste im Zweiten Weltkrieg Entnahmen aus den Westzonen zugebilligt worden. Als aber die im Gegenzug zu leistenden Lieferungen von Nahrungsmitteln aus der SBZ nach Westen ausblieben, stellten die USA im Mai 1946 die Lieferung von Industrie- und Verkehrsanlagen in die Sowjetunion ein. Diese Maßnahme wurde von der europäischen Öffentlichkeit als Sensation aufgenommen, sie markiert zugleich einen Wendepunkt in den Nachkriegsbeziehungen zwischen USA und UdSSR.

Weitere wirtschaftspolitische Entwicklungen:

- US-Außenminister Byrnes gab in seiner **Stuttgarter Rede** vom 6.9.1946 die Wende der amerikanischen Besatzungspolitik bekannt.
- Errichtung des „Vereinigten Wirtschaftsgebietes" **(Bizone)** im Januar 1947 (Vereinigung der britischen und amerikanischen Zone in wirtschaftlichen Fragen). Ziel: Schaffung eines größeren Wirtschaftsgebietes.
- **Marshallplan-Hilfe** (European Recovery Program, ERP) seit Juni 1947 für Europa. Ziele: Wirtschaftliche Stärkung des Handelspartners Europa, Stabilisierung der demokratisch-pluralistischen Gesellschaftsordnungen in Westeuropa. Von ca. 14 Milliarden Dollar flossen 1,4 Milliarden Dollar nach Westdeutschland. Die UdSSR hatte den Ländern in ihrer Einflusssphäre die Annahme verboten.
- Durchführung einer **Währungsreform** in den drei Westzonen am 20.6.1948: Die D-Mark löste die wertlos gewordene Reichsmark ab. Jeder Deutsche erhielt 40 (später noch einmal

20) Deutsche Mark. Löhne, Gehälter, Pensionen und Mieten wurden im Verhältnis 1:1, Schulden und Sparguthaben im Verhältnis 10:1 umgestellt. Dies bedeutete einen realen Zugewinn für die Besitzer von Sachwerten und Grundbesitz, während die „kleinen Leute", Arbeiter, Angestellte, Beamte und Rentner, ihre Ersparnisse verloren.

- Die Währungsreform belebte die Wirtschaft, da die Menschen in die neue Währung Vertrauen hatten. Die Konjunktur sprang an, die Deutschen machten die Erfahrung, dass sie für Geld wieder bislang entbehrte Waren bekommen konnten. Die Schaufenster und Regale waren über Nacht gefüllt, der Schwarzmarkt verschwunden.
- **Leitsätze-Gesetz:** Gleichzeitig mit der Währungsreform setzte der spätere Wirtschaftsminister Ludwig Erhard die Aufhebung der Zwangswirtschaft durch. Die Entscheidung für die soziale Marktwirtschaft war gegen den Willen der SPD gefallen, die Preissteigerungen und Nachteile für die sozial Schwachen befürchtete.

5 Gründung der Bundesrepublik Deutschland

Noch Anfang Juni 1947 hatte der bayerische Ministerpräsident Hans Ehard seine Amtskollegen aus allen Ländern der Besatzungszonen nach München eingeladen, um wirtschaftliche Probleme zu besprechen. Doch als die Gespräche schon an der Tagesordnung scheiterten und die Ministerpräsidenten der SBZ abreisten, zeigte sich, dass die Auseinanderentwicklung der östlichen und westlichen Besatzungszonen nicht mehr aufzuhalten war. Die USA betrieben nun mit Vehemenz den Ausbau der Bizone zur **Trizone** und damit die Gründung eines westdeutschen Staates. Als Frankreich seinen Widerstand gegen eine Zusammenlegung der drei Westzonen aufgegeben hatte, einigten sich die Westalliierten auf der **Londoner Außenministerkonferenz** im März 1948 auf die Herstellung der westdeutschen Einheit. Die Sowjetunion, die von diesem Schritt nicht unterrichtet worden war, zog ihren Vertreter aus dem Alliierten Kontrollrat ab, die gemeinsame Besatzungspolitik der Alliierten war damit beendet.

Weitere Stationen auf dem Weg zur Gründung der Bundesrepublik Deutschland:

- Übergabe der **Frankfurter Dokumente** (Aufforderung zur Einberufung einer verfassunggebenden Nationalversammlung) an die Ministerpräsidenten der westdeutschen Länder am 1.7.1948.
- **Ablehnung der Frankfurter Dokumente** durch die Ministerpräsidenten, die eine Festschreibung der Spaltung Deutschlands befürchteten.
- Zugeständnis der Alliierten: Verwendung des Begriffs **„Grundgesetz"** (statt „Verfassung"), um dem vorläufigen Charakter Rechnung zu tragen, Annahme durch die Länderparlamente (statt einer Volksabstimmung), da nicht das ganze deutsche Volk abstimmen konnte.
- Einsetzung eines **„Parlamentarischen Rats"** (Präsident: Konrad Adenauer) zur Erarbeitung des Grundgesetzes (ab 1.9.1948).
- Vorlage des **Verfassungsentwurfs** des Parlamentarischen Rats bei den Alliierten und Länderparlamenten (Mai 1949).
- **24. Mai 1949:** Das Grundgesetz der Bundesrepublik Deutschland tritt in Kraft.
- Im August 1949 wurde der erste Bundestag gewählt, die Mehrheit der CDU-, CSU-, FDP- und DP-Abgeordneten stimmten für **Konrad Adenauer (CDU) als Bundeskanzler**; Theodor Heuss (FDP) wurde Bundespräsident.

Schematische Darstellung des Grundgesetzes

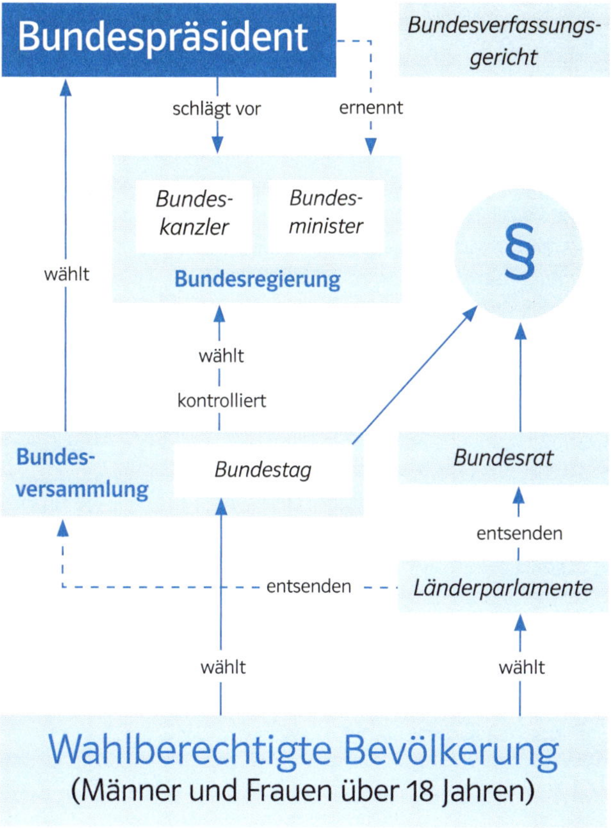

Aspekte der Verfassungsberatungen:

- Vorgabe der Alliierten (außer Großbritannien): Stärkung der Länderhoheit (Föderalismus).
- Übereinstimmung der Parteien: Ausschaltung der Diktatur in jeder Form, Gewährleistung von Handlungsfreiheit und Selbstbestimmung, Sicherung der Freiheitsrechte des einzelnen Bürgers, Bemühen um einen sozialen Rechtsstaat.

Wesentliche Bestimmungen und charakteristische Merkmale des Grundgesetzes:

- provisorischer Charakter,
- Gültigkeit unter alliierten Vorbehalten,
- Vorrang und Unaufhebbarkeit der Grund- und Menschenrechte zum Schutz des Einzelnen vor staatlichen Übergriffen,
- Wiedervereinigung und sozialer Rechtsstaat als Ziel,
- gemeinsame Basis für alle demokratischen Parteien,
- konstruktives Misstrauensvotum für politische Stabilität,
- Parteien als verfassungsrechtliche Institutionen, die an der politischen Willensbildung des Volkes mitwirken,
- Konzentration der staatlichen Macht auf Bundestag, Bundesrat und Bundeskanzler,
- Beschränkung des Bundespräsidenten auf die Aufgaben des Staatsoberhauptes.

Verhältnisse in der östlichen Besatzungszone

1 Die Situation nach dem Zusammenbruch

In der sowjetisch besetzten Zone (SBZ) waren die Verhältnisse nach 1945 kaum anders als im Westen Deutschlands: Städte waren zerbombt, Infrastruktur und Wirtschaft waren zerstört.

Die Sowjetunion bestimmte als Besatzungsmacht die **Ziele der Politik**:
- Entmilitarisierung Deutschlands (zur Gewährleistung der eigenen Sicherheitsinteressen) und
- Reparationen (für den eigenen Wiederaufbau).

Diese Punkte waren durch das Potsdamer Abkommen gedeckt. Unausgesprochen kam hinzu:
- Schwächung Deutschlands (als Voraussetzung für die Ausdehnung des sowjetischen Macht- und Einflussbereiches bis in die Mitte Europas).

2 Sowjetisierung der SBZ

In der SBZ errichtete die „Sowjetische Militäradministration in Deutschland" **(SMAD)** im Juli 1945 mit Billigung des Alliierten Kontrollrates die Länder Mecklenburg-Vorpommern, Sachsen, Thüringen, Brandenburg und Sachsen-Anhalt. Dort wurden zwar viele sozialdemokratische und bürgerliche Politiker eingesetzt, Schlüsselstellungen in den neu eingerichteten Zentralverwaltungen, die den Ländern übergeordnet wurden, behielt die SMAD allerdings sowjetfreundlichen Kommunisten vor. Dabei handelte es sich um Emigranten wie Walter Ulbricht, die aus dem Moskauer Exil zurückgekehrt waren, um in der sowjetisch besetzten Zone einen sozialistischen Staat auf der Grundlage der Ideen von Marx, Engels und Lenin zu errichten **(Gruppe Ulbricht)**.

In der SBZ wurden politische Parteien sehr rasch zugelassen. Schon vor der Potsdamer Konferenz schlossen sich die SPD, CDU, LDPD und die anderen Parteien unter der Führung der KPD zum „Block antifaschistisch-demokratischer Parteien" **(Antifa-Block)** zusammen. Die Ost-SPD unter Otto Grotewohl gab dem Druck der Kommunisten nach und stimmte im April 1946 der Vereinigung von SPD und KPD zur **„Sozialistischen Einheitspartei Deutschland"** (SED) zu. Darin hatten die Kommunisten die Führungspositionen inne, die SPD war als Arbeiterpartei ausgeschaltet.

Aus den Kreis- und Landtagswahlen im Herbst 1946 sollte nach den Vorstellungen der sowjetischen Militärregierung die SED als stärkste politische Kraft hervorgehen. Um dies zu erreichen, wurden die bürgerlichen Parteien, CDU und LDPD, massiv behindert. Trotzdem entfielen auf sie mehr als die Hälfte der Stimmen. Die SMAD, die die Vorrangstellung der Kommunisten und der SED gefährdet sah, reagierte wieder mit Druck. Die SED wurde zur **Kaderpartei** umgestaltet, oppositionelle Kräfte innerhalb der Partei ausgeschaltet. Die Einheitsgewerkschaft **(FDGB)** wurde zum Kontrollorgan von Produktionsplänen und Arbeitsnormen.

3 Wirtschaftliche Veränderungen in der SBZ

Die SBZ sollte im Sinn des Marxismus zu einem kommunistischen Staat umgewandelt werden. Das erforderte neben der politischen auch eine weitreichende wirtschaftliche Umgestaltung. Folgende Schritte wurden dazu vollzogen:

- **Verstaatlichung** von Banken und Sparkassen (1945)

- **Bodenreform:** Umverteilung von Grundbesitz nach dem Motto: „Junkerland in Bauernhand!"
- Umwandlung von Großunternehmen in „Sowjetische Aktiengesellschaften" **(SAGs)**, Verstaatlichung der Schwer- und Schlüsselindustrie, Bildung von „Volkseigenen Betrieben" **(VEBs)**.
- Verabschiedung eines ersten **Zwei-Jahres-Plans** 1948.
- **Währungsreform** (23.6.1948) als unmittelbare Reaktion auf die Einführung der DM im Westen, in Wirklichkeit aber schon langfristig geplant. Keine nennenswerte Verbesserung des Lebensstandards, Lebensmittelrationierungen sowie Schwarzmarkt blieben bestehen.
- Einführung der **Planwirtschaft** 1948.

4 Gründung der DDR

Die Gründung der DDR erfolgte einige Monate nach der Gründung der Bundesrepublik Deutschland. Dies sollte den Anschein erwecken, als hätte der Westen das Auseinanderbrechen der deutschen Besatzungszonen zementiert und die SMAD würde nur darauf reagieren. In Wirklichkeit hatte man sich in der SBZ schon seit 1946 Gedanken über eine Verfassung gemacht.

Stationen auf dem Weg zur Gründung der Deutschen Demokratischen Republik:

- Initiierung einer **Volkskongressbewegung** (Dezember 1947), die angeblich die Einheit Deutschlands und den Abschluss eines Friedensvertrages, in Wirklichkeit aber die Gründung eines ostdeutschen Teilstaates vorbereiten sollte.
- Schon im Oktober 1948 legte der **„Deutsche Volksrat"**, der aus dem 2. Volkskongress im März hervorgegangen war und den Anspruch erhob, ganz Deutschland zu repräsentieren, einen **Verfassungsentwurf** vor, der auf den Vorstellungen der SED von 1946 basierte.

- Ein nach einer Einheitsliste gewählter 3. Volkskongress bestätigte den Verfassungsentwurf im Mai 1949.
- Am **7.10.1949** wurde diese Verfassung in Kraft gesetzt, damit war die DDR gegründet.
- Der „Deutsche Volksrat" erklärte sich selbst zur „Provisorischen Volkskammer", Otto Grotewohl (SED, früher SPD) wurde Regierungschef, **Wilhelm Pieck** (SED, früher KPD) erster Präsident der DDR.

Wesentliche Bestimmungen und charakteristische Merkmale der Verfassung der DDR von 1949:

- Modell für ganz Deutschland.
- DDR als Volksdemokratie, keine repräsentative Demokratie, kein Parteienpluralismus.
- Volkskammer als höchstes Verfassungsorgan (vereinte Regierungs-, Gesetzgebungs- und Justizfunktion), keine Gewaltenteilung.
- Die Volkskammer besaß das Recht zur Kontrolle der Justiz und zur Ernennung und Absetzung der Richter.
- Verzicht auf Grundrechte und das Streikrecht.
- Der Boykott-Hetze-Artikel 6 eröffnete die Möglichkeit, die Opposition zu unterdrücken und strafrechtlich gegen sie vorzugehen.

Schematische Darstellung der Verfassung der DDR (1949)

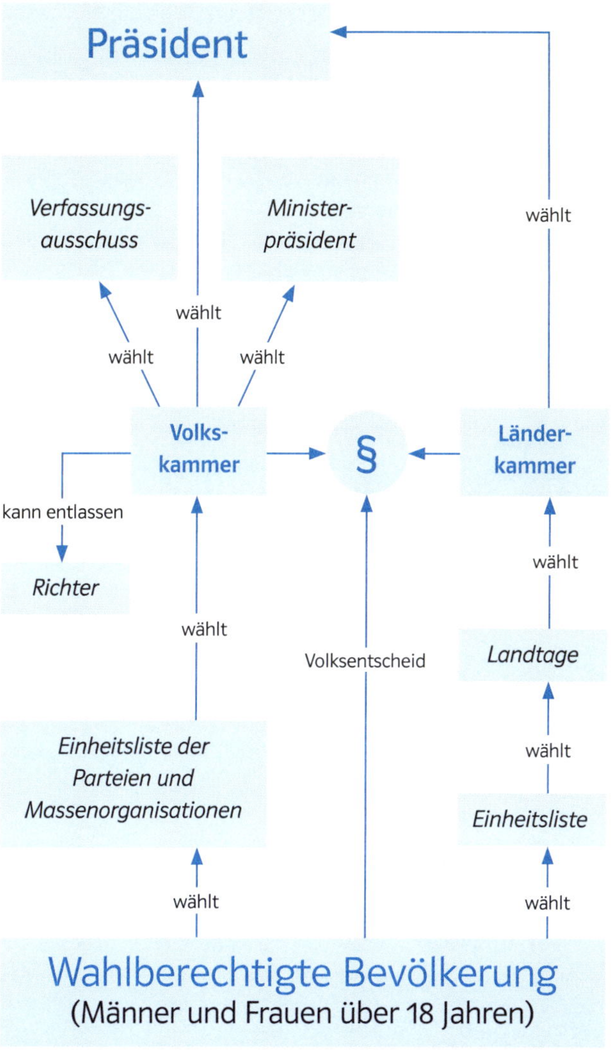

Von der Anti-Hitler-Koalition zur Gründung der beiden deutschen Staaten

26. April 1945	US-Direktive JCS 1067
8. Mai 1945	Bedingungslose Kapitulation Deutschlands
17. Juli 1945 bis 2. August 1945	Potsdamer Konferenz
19. September 1945	Konstituierung der Länder der amerikanischen Zone (Bayern, Württemberg-Baden und Hessen)
20. November 1945 bis 1. Oktober 1946	Nürnberger Hauptkriegsverbrecherprozess
26. Dezember 1945	erste freie Gemeinderatswahlen in Deutschland
6. September 1946	Stuttgarter Rede des US-Außenministers Byrnes
1. Januar 1947	Gründung der Bizone
5. Juni 1947	US-Außenminister Marshall verkündet Wiederaufbauprogramm für Europa
16. April 1948	Gründung der OEEC
20. Juni 1948	Währungsreform in den Westzonen
23. Juni 1948	Währungsreform in der SBZ
4. April 1949	Gründung der NATO in Washington
24. Juni 1948 bis 12. Mai 1949	Berlin-Blockade
24. Mai 1949	Inkrafttreten des Grundgesetzes für die Bundesrepublik Deutschland
7. Oktober 1949	Gründung der Deutschen Demokratischen Republik

Kalter Krieg und Wirtschaftswunder

Der Ost-West-Konflikt

Anfang der 50er-Jahre wurde immer deutlicher, dass die Großmächte USA und UdSSR unterschiedliche Ziele verfolgten. In der UdSSR hatte ein entscheidender Führungswechsel stattgefunden. Stalin war 1953 gestorben, sein Nachfolger Nikita Chruschtschow führte umfassende Reformen durch und übte öffentlich Kritik an seinem Vorgänger. In der Außenpolitik blieb alles beim Alten: Das Ziel war es, den sowjetischen Einflussbereich auszudehnen. Gelegenheit dazu gab es im **Korea-Krieg** (1950–53).

Während des **Ungarn-Aufstandes** 1956 wurde deutlich, dass die Westmächte den Status quo akzeptierten und keinen Krieg, der möglicherweise ein atomarer Krieg geworden wäre, riskieren wollten. Die von US-Außenminister John Foster Dulles 1953 angekündigte **Roll-Back-Politik** war an ihre Grenzen gestoßen, seit die UdSSR über die Wasserstoffbombe verfügte. Als es dann 1957 den Sowjets gelang, den ersten künstlichen Erdsatelliten in die Umlaufbahn zu bringen, war offensichtlich, dass sie auch in der Lage gewesen wären, Langstrecken- und sogar Interkontinentalraketen einzusetzen. Damit hätten sie sogar einen Vorsprung gegenüber den USA gehabt und diese auf ihrem eigenen Territorium angreifen können **(Sputnik-Schock)**. Diese Erkenntnis führte in den USA zu einem Umdenken. Das Konzept der **massiven Vergeltung** (sofortiges Überschreiten der Atomschwelle) und die Containment-Politik waren angesichts des atomaren Patts in Frage gestellt, das Konzept der **angemessenen Reaktion** (die USA wollen mit den gleichen Waffen zurückschlagen, mit denen die Sowjets angreifen) war die Folge. Es wurde in den USA von Präsident **John F. Kennedy** vertreten.

Die Erkenntnis, dass die beiden Großmächte einander nicht besiegen, allenfalls sich selbst und die andere Großmacht auslöschen könnten, führte zur Festigung der Einflusssphären. Trotzdem versuchten die beiden Supermächte ihren Einflussbereich auszudehnen. Dies sollte aber nicht in direkter Konfrontation geschehen. Dass die Schauplätze für eine machtpolitische Auseinandersetzung in Länder der Dritten Welt verlegt wurden (so genannte **Stellvertreter-Kriege**), zeigt sich in den folgenden internationalen Krisen:

- **Kuba-Krise** (1962):
  - 1959 hatte der kubanische Kommunistenführer **Fidel Castro** die USA-nahe Regierung des Diktators Batista gestürzt und mit der UdSSR ein Militärabkommen geschlossen.
  - 1961 scheiterte eine von den USA unterstützte Rückeroberung Kubas durch Exilkubaner.
  - Kuba schloss sich nun noch enger an die Sowjetunion an: 1962 errichteten die Sowjets Abschussrampen für Mittelstreckenraketen auf Kuba, die die amerikanischen Großstädte im Süden und Südosten des Landes direkt bedrohten.
  - Diese massive Bedrohung nahm Kennedy nicht hin; er verhängte eine Seeblockade über Kuba und drohte mit einer Invasion, falls die Raketenbasen nicht zerstört und die Raketen nicht abgezogen werden würden.
  - Ende Oktober lenkte Chruschtschow ein: Er stimmte einem militärischen Rückzug zu, Kennedy verzichtete auf eine Invasion und zog Raketen aus der Türkei ab, die eine Bedrohung für die Sowjetunion darstellten.
  - Die Weltöffentlichkeit erkannte, dass im Herbst 1962 ein Atomkrieg nur knapp verhindert worden war. Doch auch bei den führenden Staatsmännern setzte ein Umdenken ein: Auf die Konfrontationspolitik folgte nun eine **Phase der**

Entspannung, die insbesondere von den USA ausging. Die UdSSR setzte weiter auf Aufrüstung.
  - Als Konsequenz der Kubakrise vereinbarten die USA und die Sowjetunion unter dem neuen Staatschef Leonid Breschnew 1963 die Einrichtung eines **heißen Drahts** (ständige Telefonleitung zwischen Moskau und Washington) zur sofortigen Klärung von Spannungen.
- Auch im **Vietnam-Krieg** (1964–73) stießen die beiden Supermächte aufeinander:
  - Nach der Beendigung der französischen Kolonialherrschaft in Indochina 1954 und der Teilung des Landes entlang des 17. Breitengrades etablierte sich im Norden ein kommunistisches Regime unter **Ho Chi Minh**, das von der UdSSR und China unterstützt wurde.
  - Die USA unterstützten ein autoritäres Regime im Süden des Landes gegen eine mögliche Invasion der kommunistischen Vietcong aus dem Norden. Während anfangs nur amerikanische Militärberater ins Land kamen, setzte **Lyndon B. Johnson**, der Nachfolger des ermordeten John F. Kennedy, amerikanische Streitkräfte ein.
  - Der Erfolg für die USA blieb aber aus; trotz Flächenbombardements und Einsatz von chemischen Kampfstoffen gelang es den USA nicht, den Süden gegen eine Machtübernahme durch Ho Chi Minh und seine Truppen stark zu machen. Weltweite Proteste gegen den Krieg führten 1973 zu Waffenstillstandsverhandlungen zwischen Nordvietnam und den USA unter **Richard Nixon**, dem bald der Rückzug der amerikanischen Truppen folgte.
  - Südvietnam war nun der Invasion der Vietcong hilflos ausgeliefert und kapitulierte 1975.

Europa im Aufbruch

1 Der Prager Frühling 1968

Im Osten Europas hatte die Sowjetunion ihre Macht weitgehend stabilisiert; Polen, die CSSR, Ungarn, Rumänien und Bulgarien waren Mitglieder der sozialistischen Wirtschaftsgemeinschaft **COMECON** und des **Warschauer Paktes**, dem von der Sowjetunion gelenkten Militärbündnis, geworden. Jugoslawien hatte unter seinem Staatschef Tito mit Billigung der sowjetischen Führung einen eigenen Weg zum Sozialismus eingeschlagen, der sich an den Vorgaben der UdSSR nur lose orientierte.

Ähnlich wie Jugoslawien hatte sich die Tschechoslowakei nach 1945 bemüht, eine Zwischenstellung zwischen Ost und West einzunehmen. Diese Bestrebungen wurden Mitte der 60er-Jahre wieder aktuell, da aufgrund der Vorrangstellung der Schwerindustrie die Bevölkerung den Mangel an Verbrauchsgütern und den niedrigen Lebensstandard als unerträglich empfand. Der Führer der KPC **Alexander Dubček** wollte einen **„Sozialismus mit menschlichem Antlitz"** schaffen und unterbreitete Reformvorschläge, die in der Bevölkerung große Zustimmung fanden.

Er forderte:
- Meinungs-, Versammlungs- und Reisefreiheit,
- Einschränkung der Macht der kommunistischen Partei und
- die Möglichkeit zu mehr Eigeninitiative in der Wirtschaft.

Am 1.5.1968 fand ein Protestmarsch in Prag statt, dem Hunderttausende Reformwillige folgten. Dies war für die UdSSR das Signal zum Einschreiten: Am 21. August marschierten sowjetische Truppen – unterstützt von Armeeeinheiten aus den anderen sozialistischen „Bruderländern" – in die CSSR ein, um die Reformbewegung niederzuschlagen und Dubček und seine Mitstreiter ihres Amtes zu entheben und zu verhaften. Der **Prager Frühling** fand damit im Herbst 1968 ein jähes Ende.

2 Die Anfänge der Europäischen Gemeinschaft

Während in Osteuropa die UdSSR die politische Richtung vorgab, blieb im Westen relativ offen, auf welchem Weg die von Churchill und anderen angedachte Einigung Europas verwirklicht werden sollte. Eindeutig war, dass Europa nicht länger nur eine Vision bleiben, sondern konkrete Gestalt annehmen sollte. Dies lag im Interesse der USA, die angesichts des aufkommenden Kalten Krieges ein wirtschaftlich und politisch gestärktes Europa befürworteten.

Die sich anbahnende deutsch-französische Freundschaft und das Wissen um die wirtschaftliche Konkurrenzfähigkeit der Vereinigten Staaten von Europa vertieften den Europagedanken. Das Zusammenrücken der europäischen Staaten erfolgte in Etappen und verlief nicht ohne Rückschläge. Dies sind die wichtigsten Stationen:

- **Schuman-Plan:** Schon 1950 unterbreitete der französische Außenminister Robert Schuman den Vorschlag, die französische und deutsche Kohle- und Stahlproduktion einer gemeinsamen Behörde zu unterstellen. Die Gefahr eines Krieges zwischen Deutschland und Frankreich schien damit gebannt. Zudem sollte für die Montanindustrie auf diese Weise ein Absatzmarkt ohne Zollschranken geschaffen werden, was Westeuropa helfen würde, sich im weltweit zunehmenden Konkurrenzkampf zu behaupten.
- Als Ergebnis des Schuman-Planes wurde 1951 die Europäische Gemeinschaft für Kohle und Stahl (**EGKS**, auch **Montanunion** genannt) geschaffen. Mitgliedstaaten: Frankreich, Deutschland, Niederlande, Belgien, Luxemburg und Italien.

- 1952 sollte die Europäische Verteidigungsgemeinschaft **(EVG)** gegründet werden. Damit wäre die Bundesrepublik Deutschland in ein westeuropäisches Verteidigungsbündnis einbezogen worden. Dies hätte zwar durch die damit verbundene Wiederbewaffnung eine weltweite Aufwertung für Westdeutschland bedeutet, es hätte aber auch den europäischen Staaten die Möglichkeit eröffnet, diese Wiederbewaffnung zu kontrollieren. Die EVG scheiterte 1954 an der Ablehnung Frankreichs, woraufhin die Bundesrepublik Deutschland der Westeuropäische Union **(WEU)** beitrat.

Dies wurde durch die

- **Pariser Verträge** (Oktober 1954) festgeschrieben, wonach Westdeutschland auch Mitglied in der NATO (Verzicht auf ABC-Waffen) werden sollte. Die Folge davon waren die Beendigung des Besatzungsregimes und die Souveränität Deutschlands 1955 sowie seine Wiederbewaffnung.
- In den **Römischen Verträgen** (25.3.1957) wurde die Schaffung der Europäischen Wirtschaftsgemeinschaft **(EWG)** und der Europäischen Atomgemeinschaft **(Euratom)** festgeschrieben.
- 1967 wurde durch Zusammenlegung von EWG, EGKS und Euratom die **Europäische Gemeinschaft** (EG) geschaffen, die zuerst in eine Zollunion, später in eine Wirtschafts- und Währungsunion und schließlich in eine politische Union münden sollte.
- Bis 1968 wurde die Zollunion vollendet; damit waren innerhalb der EG alle Binnenzölle abgeschafft.

Die Entwicklung der Bundesrepublik Deutschland

1 Deutschland unter Adenauer

Konrad Adenauer (CDU) war vierzehn Jahre lang Bundeskanzler – vom ersten Bundestag 1949 bis zu seinem Rücktritt 1963. In seiner Regierungszeit nahm die Bundesrepublik Deutschland die politische Gestalt an, die bis in die 80er-Jahre Gültigkeit hatte:

- Das Parteienspektrum ist relativ einheitlich und übersichtlich. Es gibt **nur wenige große Parteien** (CDU / CSU, SPD,FDP), die allesamt Volksparteien (die SPD seit dem Godesberger Programm von 1959) sind, also die Interessen aller Bürger, nicht nur einer kleinen Gruppe vertreten. Das Parteienspektrum wird durch die Fünf-Prozent-Klausel eingegrenzt, die seit 1953 bei Bundestagswahlen gilt.
- Die politischen Parteien üben einen entscheidenden Einfluss auf das politische Geschehen aus.
- Die politische Führungsrolle liegt beim Kanzler **(Kanzlerdemokratie)** und der Regierungsfraktion, das Amt des Bundespräsidenten ist auf repräsentative Aufgaben beschränkt.
- Die Bundesrepublik Deutschland ist dem Gedanken der **sozialen Marktwirtschaft** verpflichtet.

Für Bundeskanzler Adenauer ergaben sich aus der Situation Westdeutschlands zu Beginn der 50er-Jahre zwei Ziele:

- Die Erlangung der inneren Souveränität und
- die Herstellung der deutschen Einheit.

Die innere Souveränität musste den alliierten Besatzern Stück für Stück abgerungen werden, z.B. durch das **Petersberger Abkommen** (Beitritt Westdeutschlands zur Ruhrbehörde, No-

vember 1949), das die Demontagen einschränkte, der Bundesrepublik Deutschland die Möglichkeit eröffnete, Mitglied in internationalen Organisationen zu werden und diplomatische Beziehungen zu anderen Staaten aufzunehmen. Mit der Ratifizierung des **Deutschlandvertrages** 1955 war die Bundesrepublik Deutschland ein souveräner Staat. Es galten jedoch noch alliierte Vorbehalte bezüglich Berlin, Rechte der alliierten Truppen und Fragen, die – bei einer späteren Wiedervereinigung – Deutschland als Ganzes betreffen sollten.
Die Herstellung der Deutschen Einheit war ein Ziel der westdeutschen Politik, das in der Präambel des Grundgesetzes festgeschrieben, aber kurzfristig nicht erreichbar war.

2 Wiederbewaffnung und Westorientierung

Unter dem Eindruck des Korea-Krieges war ein beherrschendes Thema der deutschen Politik zu Beginn der 50er-Jahre die Frage nach der **Wiederbewaffnung Deutschlands**. Großbritannien und die USA waren dafür, Westdeutschland an einer europäischen Armee zu beteiligen, Frankreich lehnte dies ebenso wie den EVG-Plan des französischen Ministerpräsidenten René Pleven ab, worauf die Bundesrepublik Deutschland der WEU und der NATO beitrat.
Im Bewusstsein, dass eine starke Mitte Europas ein Garant für einen dauerhaften Frieden sein würde, setzten sich Adenauer und der französische Staatspräsident Charles de Gaulle für die Aussöhnung der beiden Staaten ein. Diese wurde in folgenden Etappen erreicht:

- Aufnahme der Bundesrepublik Deutschland in den **Europarat** (1951),
- Gründung der **Montanunion** (1951),
- Unterzeichnung des **deutsch-französischen Freundschaftsvertrags** (1963).

Adenauers außenpolitisches Ziel war eine **Anbindung der Bundesrepublik Deutschland an die westliche Welt**, insbesondere an die USA.

Viele Deutsche protestierten aufgrund ihrer Erfahrungen in zwei Weltkriegen gegen den Aufbau der Bundeswehr. Adenauer setzte diesen aber gegen den Widerstand der SPD und der Kirchen durch, weil er der Ansicht war, dass nur durch eine **Politik der Stärke** Verbesserungen im Verhältnis der beiden deutschen Staaten erreicht werden könnten. Der entschiedenen Abgrenzung zur DDR diente auch die **Hallstein-Doktrin**, nach der die Bundesrepublik Deutschland keine diplomatischen Beziehungen zu Ländern unterhält, die die DDR aufwerten, indem sie sie als souveränen Staat anerkennen. Eine Ausnahme bildete die Sowjetunion.

1955 erreichte Adenauer die Aufnahme **diplomatischer Beziehungen** mit der Sowjetunion, die damit die Bundesrepublik und die DDR als gleichrangige Partner anerkannte. Ein sichtbarer Erfolg der Ostpolitik Adenauers war die Freilassung der letzten 10 000 deutschen Kriegsgefangenen aus sowjetischen Lagern (1955).

3 Die Stalin-Noten (1952)

Während die Verhandlungen über einen deutschen Wehrbeitrag und um die Aufnahme der Bundesrepublik Deutschland in das westliche Verteidigungsbündnis im Gang waren, kam aus der Sowjetunion ein **Angebot zur Vereinigung der beiden deutschen Staaten**. In der ersten von insgesamt vier Noten bot Stalin am 10.3.1952 Folgendes an:

- einen Friedensvertrag für Deutschland,
- die Herstellung Deutschlands als einheitlichen Staat,
- eigene nationale Streitkräfte für Deutschland.

Als Konsequenz sah diese Note vor:

- die Neutralität Deutschlands,
- den Abzug aller Besatzungstruppen,
- die Garantie der demokratischen Freiheiten,
- die Anerkennung der Grundrechte,
- ein Verbot aller friedensfeindlicher, antidemokratischer Organisationen,
- die Grenzziehung entsprechend den Beschlüssen des Potsdamer Abkommens.

In einer Folgenote vom 9.4.1952 erklärte sich Stalin mit der Abhaltung von **freien Wahlen** einverstanden; erst sollte jedoch eine gesamtdeutsche Regierung gebildet werden. Zudem sollten die Wahlen **nicht unter Aufsicht der Vereinten Nationen**, lediglich unter der Kontrolle der vier Besatzungsmächte stattfinden. Da für die Alliierten ein Vetorecht vorgesehen war, bestand die Gefahr, dass die UdSSR die Wahlen verzögert bzw. unmöglich gemacht hätte.

Da Adenauer Stalin misstraute und aus den Erfahrungen mit dem Potsdamer Abkommen wusste, dass der **Begriff der Demokratie** nicht eindeutig war, wurde das sowjetische Angebot trotz eines mehrmonatigen Noten-Wechsels zwischen den Westmächten und der Sowjetunion nie ernsthaft geprüft. Adenauer sah die Stalin-Noten als **Störmanöver** an, das die Westbindung der Bundesrepublik verhindern sollte. Das Wiedervereinigungsangebot passte zudem nicht in die Konzeption der amerikanischen Außenpolitik, die den Wechsel von der Containment-Politik zur Roll-Back-Politik (Zurückdrängung des sowjetischen Einflusses) vorbereitete.

4 Wirtschaftswunder unter Ludwig Erhard

Die 50er-Jahre brachten innenpolitische Stabilität. Das lag vor allem an der von Wirtschaftsminister Ludwig Erhard (CDU) gesteuerten Wirtschafts- und Sozialpolitik. Erhards Konzept der **sozialen Marktwirtschaft** versuchte die liberalen Ideen des freien Wettbewerbs und des Privateigentums mit den Prämissen des Sozialstaates zu vereinen. Dies gelang so gut, dass man bald vom deutschen **Wirtschaftswunder** sprach. Die Gründe dafür waren:

- Aufgrund der **guten Ausbildung der Arbeiter** hatten die produzierten Güter eine hohe Qualität.
- Durch den **Zustrom aus der DDR** kamen hochqualifizierte Arbeitnehmer in den Westen.
- Die Löhne blieben bis 1955 auf einem unverändert **niedrigen Lohnniveau**. Deutsche Waren waren damit auf dem Weltmarkt konkurrenzfähig.
- Die deutsche Wirtschaft wurde durch die **Marshallplan-Hilfe** angekurbelt.
- Die **Weltwirtschaft** entwickelte sich günstig.

So kam es, dass im Jahr 1958 **Vollbeschäftigung** herrschte. Die Wahlkampfparole „Wohlstand für alle" war zwar hoch gegriffen,

- doch standen Ende der 50er-Jahre ausreichend Wohnungen zur Verfügung,
- die Menschen konnten ihre Konsumwünsche befriedigen,
- Urlaub und Urlaubsreisen waren üblich geworden,
- die Fünf-Tage- bzw. 40-Stunden-Woche begann sich durchzusetzen.

Zur Stabilisierung der sozialen Verhältnisse trug auch der **Lastenausgleich** bei. Dabei handelte es sich um die schrittweise Umverteilung von Vermögen zwischen den Bevölkerungsgruppen, die durch den Krieg Vermögen verloren hatten (z. B. Flüchtlinge und Vertriebene), und denen, die aufgrund günstiger

Bedingungen (etwa, weil sie in den Westzonen lebten) ihren Besitz behalten konnten.
Die wirtschaftliche Entwicklung in den Jahren nach dem Zweiten Weltkrieg stabilisierte die Herrschaft der CDU, obwohl Adenauer einen energischen, fast autoritären Regierungsstil pflegte. Der Wahlslogan der CDU in der Bundestagswahl von 1957 **„Keine Experimente!"** brachte der Union sogar die absolute Mehrheit.

5 Das Ende der Ära Adenauer

Ende der 50er-Jahre schwand die Autorität der Regierung Adenauer. Die Bundestagswahl von 1961 brachte für die CDU/CSU 45,3% der Stimmen, so dass sie eine Koalition mit der FDP eingehen musste. Der Koalitionspartner favorisierte den liberaleren Ludwig Erhard als Bundeskanzler und drängte Adenauer, auf das Amt des Kanzlers zu verzichten. Doch erst eine innenpolitische Krise, die **„Spiegel-Affäre"**, ließ Adenauer umschwenken. Als das Nachrichtenmagazin „Der Spiegel" einen kritischen Bericht über ein NATO-Manöver veröffentlichte, ließ der damalige Verteidigungsminister Franz Josef Strauß die Redaktionsräume des „Spiegel" durchsuchen und den Herausgeber Rudolf Augstein sowie mehrere Redakteure wegen Verdachts auf Landesverrat verhaften. Strauß hatte damit seine Befugnisse klar überschritten, doch Adenauer stärkte ihm den Rücken. Der Koalitionspartner FDP, der im Vorgehen von Strauß eine Verletzung der Grundrechte sah, verließ das Kabinett. Um die Krise zu beheben, drängte Adenauer Strauß zum Rücktritt und bildete eine neue Regierung. Im Jahr darauf trat der 87-Jährige nach schweren Niederlagen in Landtagswahlen zurück. Sein Nachfolger wurde Ludwig Erhard.

6 Die Regierungszeit Ludwig Erhards

Ludwig Erhard trat 1963 das Erbe Adenauers an. Als er sich 1965 der Wiederwahl stellte, verfehlte er mit einem Ergebnis von 47,6 % nur knapp die absolute Mehrheit.

Erhard sah sich selbst als „Volkskanzler über den Parteiungen", was seinen Ausdruck in der Idee der **„formierten Gesellschaft"** fand. Dies bedeutet nach Erhard eine gesellschaftliche Ordnung, in der der Einzelegoismus gegenüber den Erfordernissen eines in seiner Autorität gestärkten Staates zurücktritt. Kritiker fühlten sich an autoritäre Staatsvorstellungen und NS-Parolen („Volksgemeinschaft") erinnert.
Die Idee der formierten Gesellschaft wurde nicht populär, die Realität entwickelte sich anders: Der Sozialstaat wurde weiter ausgebaut, er wurde zum „Verteilerstaat." Eingeführt bzw. erhöht wurden z.B. Kindergeld, Kriegsopferversorgung, Wohngeld, vermögenswirksame Leistungen und die Studentenförderung.

Mitte der 60er-Jahre fand das Wirtschaftswachstum ein Ende, die Baubranche kam in die Krise, Firmen gingen in Konkurs, Kurzarbeit zwang viele Arbeitnehmerhaushalte zu Sparmaßnahmen, die Zahl der Arbeitslosen stieg erstmals seit dem Krieg. Die Bevölkerung war zwar von der ersten Wirtschaftskrise seit dem Ende des Zweiten Weltkrieges verunsichert, nahm aber die Maßhalteappelle Ludwig Erhards nicht ernst. Als einschneidende Maßnahmen zur Sanierung des Haushaltes unumgänglich wurden, kündigte die FDP 1966 die Koalition. Der Bundestag wählte daraufhin mit der Mehrheit der Stimmen aus CDU / CSU und SPD Kurt Georg Kiesinger (CDU) zum Kanzler der **Großen Koalition**.

Zugleich kam es zu politischer Verunsicherung und zu Protestwahlverhalten in Landtagswahlen. In Hessen, Bremen und Bayern gelang der erst 1964 gegründeten rechten Nationaldemokratischen Partei Deutschlands (NPD) der Einzug in die Länderparlamente.

7 Große Koalition und APO

In demokratischen Staaten ist es üblich, dass eine der großen Parteien – wenn nötig zusammen mit einem kleineren Koalitionspartner – die Regierung bildet. So war es auch in der Bundesrepublik Deutschland bis zum Jahr 1966. Damals waren aber die wirtschaftlichen Probleme so groß, dass nach dem Sturz Erhards die beiden größten Parteien eine **„Große Koalition"** bildeten. Damit verfügte die Regierungskoalition über einen Rückhalt von knapp 87%, die einzige Opposition im Bundestag, die FDP, von 9,5% der Wählerstimmen. Die Große Koalition unter Kanzler Kurt Georg Kiesinger (CDU), Vizekanzler und Außenminister Willy Brandt (SPD), Finanzminister Franz Josef Strauß (CSU) und Wirtschaftsminister Karl Schiller (SPD) sahen als **vordringlichste Aufgaben**:

- die Überwindung der Wirtschaftskrise und
- die Verabschiedung der Notstandsgesetzgebung.

Neue Weichenstellungen in der Wirtschaftspolitik trugen dazu bei, dass die Wirtschaftskrise schon ein Jahr nach Antritt der Großen Koalition behoben war. Statt den Markt dem freien Spiel der Kräfte zu überlassen, plädierte Schiller für eine **staatliche Globalsteuerung** der Wirtschaft. Im Einzelnen bedeutete das:

- die Anwendung des **Stabilitätsgesetzes** (das besagt, dass die Stabilität des Preisniveaus, ein hoher Beschäftigungsgrad, außenwirtschaftliches Gleichgewicht und stetiges, angemessenes Wirtschaftswachstum zugleich erreicht und gehalten werden sollen),
- die Einrichtung des Instruments der **„Konzertierten Aktion"** (Beratungen zwischen Vertretern des Staates, der Tarifpart-

ner und der Wissenschaft zur Realisierung des Stabilitätsgesetzes) sowie
- eine **mittelfristige Finanzplanung**.

Schillers Wirtschaftspolitik war so erfolgreich, dass die Arbeitslosigkeit von 2,1% (1967) auf 0,8% (1969) zurückging (was praktisch Vollbeschäftigung bedeutet). Die Wirtschaftskrise war überwunden und die Zahl der **Gastarbeiter** stieg auf die Rekordhöhe von 1,5 Millionen Menschen. Dieser positive Trend machte sich im Alltag bemerkbar und ließ die Menschen in der Bundesrepublik Deutschland wieder ohne Sorgen in die Zukunft blicken.

Dennoch gab es an der Politik der Großen Koalition ganz entschiedene Kritik. Sie entzündete sich vor allem an dem Vorhaben, Notstandsgesetze zu verabschieden.
Eine **Notstandsgesetzgebung** ist in westlichen Demokratien nichts Ungewöhnliches. Sie soll die Handlungsfähigkeit des Staates im Fall einer inneren oder äußeren Bedrohung gewährleisten. Dazu muss die Möglichkeit gegeben sein, Grundrechte vorübergehend einzuschränken. In der Bundesrepublik Deutschland wurde eine dafür nötige Grundgesetzänderung seit dem Ende der 50er-Jahre diskutiert, doch viele Menschen fürchteten um die demokratischen Grundrechte insgesamt und befürchteten ähnliche Zustände, wie man sie aus der Weimarer Republik kannte. Unter der Regierung Kiesinger konnten die Notstandsgesetze, die die Bundesrepublik Deutschland den Alliierten gegenüber souveräner machten, verwirklicht werden.

Bei der Diskussion um die Notstandsgesetze wurde eine breite öffentliche Protestbewegung gegen die Große Koalition sichtbar. Weil eine effiziente Opposition im Bundestag fehlte, sammelten sich die Kritiker als **Außerparlamentarische Opposition (APO)** auf der Straße.

Vor allem Schüler, Studenten und Professoren fanden sich in der APO zusammen. Sie wurden vom SDS, dem **Sozialistischen Deutschen Studentenbund**, und den Professoren der neomarxistischen **Frankfurter Schule** (Horkheimer, Adorno, Marcuse) unterstützt und protestierten – wie auch die Jugend in den USA und in Frankreich – gegen

- die etablierten Lebensformen,
- Konsum und Notstandsgesetze,
- autoritäre Diktaturen (wie das Schah-Regime in Persien),
- die Springer-Presse (der man Demagogie vorwarf),
- den Vietnam-Krieg (den man als imperialistischen Eroberungskrieg bezeichnete).

Wurden an den **Universitäten** zuerst noch friedliche „sit-ins" veranstaltet und Vorlesungen boykottiert, radikalisierte sich die APO bald. Zu gewaltsamen Ausschreitungen kam es beim Besuch von Schah Reza Pahlewi in Berlin (Juni 1967), wobei der Student **Benno Ohnesorg** erschossen wurde. In der Folge eskalierte die Gewalt, was sich beim Brandanschlag auf das Springer-Verlagshaus in Berlin und beim Mordanschlag auf den Studentenführer **Rudi Dutschke** zeigte.

Zu Beginn der 70er-Jahre zerfiel die APO in verschiedene Richtungen:

- Die meisten der „68er" zogen sich aus der Politik ins (mehr oder weniger unpolitische) Privatleben zurück.
- Andere traten den **„Marsch durch die Institutionen"** an, wollten also das westlich-kapitalistische System von innen heraus aushöhlen.
- Wieder andere versuchten noch in den 70er-Jahren den studentischen Protest gegen Staat und Gesellschaft am Leben zu erhalten.
- Eine kleine Gruppe radikalisierte sich und glitt in die **Kriminalität** ab (Terrorismus der „Baader-Meinhof-Gruppe").

Ergebnisse der Bundestagswahlen 1949 – 1969:

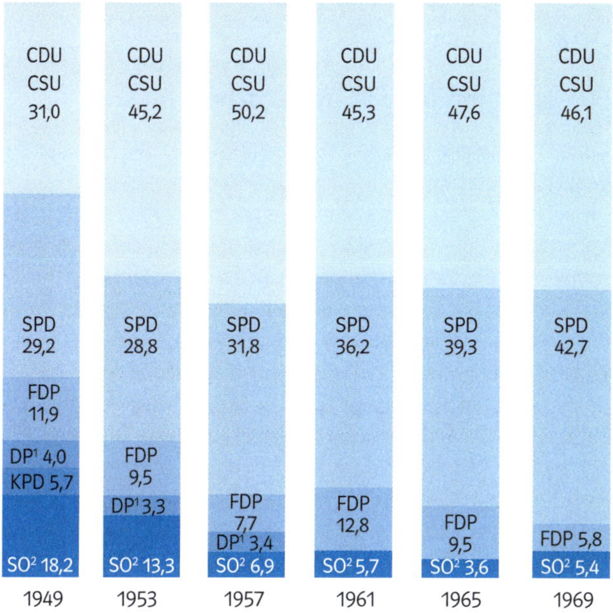

[1)] *Deutsche Partei* [2)] *Sonstige*

Die Entwicklung der DDR

1 Umgestaltung nach sowjetischem Muster

Bis zur Staatsgründung der DDR drückte die Sowjetunion als Besatzungsmacht ihrer Zone ihren Stempel auf. Doch auch nach 1949 zogen sich die Sowjets nicht zurück. Sie sorgten dafür, dass der neue Staat dem sozialistischen Muster der Sowjetunion entsprechend eingerichtet wurde. Eine entscheidende Rolle fiel der Sozialistischen Einheitspartei Deutschlands **(SED)** zu. Diese wurde umgestaltet zu einer hierarchisch geführten Partei, in der es keine innere Demokratie gab. Entscheidungsprozesse verliefen (entgegen dem demokratischen Prinzip) von oben nach unten, das Politbüro regierte die gesamte Partei.
Die diktatorischen Strukturen in der DDR wurden dadurch unterstützt, dass eine **enge Verzahnung von Partei und Staat** vorlag. Nur so, glaubte man, die Einheit von Gesellschaft und Staat herstellen zu können.

Ziel der Sowjet-Führung war es, die DDR als festes Mitglied in den sozialistischen Ostblock einzubinden. Dies geschah mithilfe von Bündnissen und Verträgen:

- 1950: Aufnahme in den Rat für gegenseitige Wirtschaftshilfe (RGW).
- 1955: Eingliederung in den Warschauer Pakt (Gegenstück zur westlichen NATO).
- Bekräftigung der „sozialistischen Freundschaft" mit Polen (1950), der Tschechoslowakei und Ungarn durch Abschluss von bilateralen (zweiseitigen) Verträgen.

1955 gewährte die UdSSR der DDR die volle Souveränität, ohne sie aus dem Verband der sozialistischen Staaten zu entlassen. Da die UdSSR der DDR wie auch allen anderen Staaten in ihrer Einflusssphäre die Annahme der Marshallplan-Hilfe verboten und zudem höhere Reparationsleistungen als der Westen gefordert hatte, waren die wirtschaftlichen Ausgangsbedingungen der DDR deutlich schlechter als die der Bundesrepublik Deutschland. 1952 beschloss die SED den **„Aufbau des Sozialismus"**, was die unkritische Übernahme des stalinistischen Wirtschaftssystems bedeutete.

Im Einzelnen waren das:

- die Umstellung auf **sozialistische Planwirtschaft**, also Festsetzung der Produktionsgüter, des Produktionsumfangs und der Preise durch den Staat,
- die Einführung von **Normzahlen** für die Mindestproduktion, wobei erwartet wurde, dass die Arbeiter diese nicht nur erfüllen, sondern überbieten sollten,
- die Auflösung von Privateigentum an Industriebetrieben und deren Überführung in **„Volkseigene Betriebe"** (VEB),
- der Zusammenschluss von kleinen und mittelgroßen Bauern zu **„Landwirtschaftlichen Produktionsgenossenschaften"** (LPG).

Der „Aufbau des Sozialismus" wurde auf staatlicher Ebene unterstützt durch die Errichtung einer zentralen staatlichen Organisation, also

- die Auflösung der fünf Länder Mecklenburg, Brandenburg, Sachsen-Anhalt, Sachsen und Thüringen und
- die darauf folgende Neueinteilung des Landes in 14 Verwaltungsbezirke, die den Zentralministerien und der Regierung direkt unterstellt waren.

2 Das Krisenjahr 1953

Nach dem **Tod Stalins** im März 1953 setzte in der UdSSR unter **Chruschtschow** eine Abkehr vom Stalinismus ein, die mit einer harten Kritik am stalinistischen Zwangssystem einherging. Auch die DDR-Führung schloss sich dieser Linie an und befahl einen neuen Kurs. Dabei sollte das Schwergewicht der Wirtschaft weniger im Bereich der Schwerindustrie liegen. Angestrebt wurde eine erhöhte Produktion von **Konsumgütern**. Man versprach sich davon eine allgemeine Erhöhung des Lebensstandards, mehr Zufriedenheit in der Bevölkerung und einen Rückgang der Flucht von DDR-Bürgern in den Westen.

Um die Steigerung der Produktion von Konsumgütern zu erreichen, erhöhte die SED-Führung die Arbeitsnormen um 10%, was einem realen Einkommensrückgang gleichkam. Dies wollte die Bevölkerung, die nach Stalins Tod auf eine politische und wirtschaftliche Liberalisierung gehofft hatte, nicht hinnehmen. Am 16. Juni streikten die Bauarbeiter und protestierten gegen die Normerhöhung, am Tag darauf weiteten sich die Protestaktionen, Streiks und Kundgebungen auf ganz Ost-Berlin und auf viele andere Orte in der DDR aus. Dabei wurden auch freie Wahlen und der Rücktritt von Walter Ulbricht gefordert. Da die Volkspolizei (VOPO) den Protestbewegungen nicht Herr wurde, verhängten die sowjetischen Militärs den Ausnahmezustand und setzten gegen die Aufständischen Panzer ein. Viele Menschen wurden getötet, mehr als 10000 verhaftet. Nach zwei Tagen war der Spuk beendet und Ulbricht versuchte die Bevölkerung durch eine geringfügige Lohnerhöhung zu beschwichtigen; die Normerhöhung wurde zurückgenommen.

Im Gedenken an die Toten und in Erinnerung an die Ziele des Arbeiteraufstandes erklärte die Bundesrepublik Deutschland den 17. Juni zum **Tag der deutschen Einheit**.

3 Fluchtbewegung und Mauerbau

Die Niederschlagung des Aufstandes vom 17.6.1953 hatte gezeigt, dass die Wünsche der Bevölkerung und die Vorstellungen der Herrschenden in der DDR weit auseinander lagen. Es wurde dabei offenkundig, dass unter dem autoritären Regime Walter Ulbrichts keine Liberalisierung in Politik und Gesellschaft zu erwarten war. Die Menschen waren also gezwungen, sich mit dem System zu arrangieren oder das Land zu verlassen. Dies gelang jedoch nur auf dem Weg der Flucht. Die DDR hatte die innerdeutsche Grenze, also den über 1300 Kilometer langen Grenzstreifen zwischen der DDR und der Bundesrepublik Deutschland, mit Sperrzone, Stacheldraht, Wachtürmen und Minenfeldern zu einem unüberwindlichen Hindernis ausgebaut, um den meist jungen, oft hochqualifizierten Arbeitskräften die Ausreise unmöglich zu machen. Wer in den Westen wollte, musste den Weg über Berlin wählen. Zwischen dem Westteil der Stadt und dem Ostsektor gab es eine offene Grenze, die zum Anlaufpunkt für „Republikflüchtlinge" wurde.

Der Flüchtlingsstrom in die Bundesrepublik führte zur **zweiten Berlin-Krise (1958)**. Zuerst versuchte der Generalsekretär der KPDSU Nikita Chruschtschow Berlin zu einer „freien Stadt" zu machen. Er bestritt das Recht der westlichen Alliierten, noch länger in Berlin zu bleiben, und forderte in einem Ultimatum, Berlin als „selbstständige politische Einheit" anzuerkennen. Er drohte mit Schikanen, z.B. gegen alliierte Militärtransporte, und ging im Entwurf zu einem Friedensvertrag von der Existenz von zwei deutschen Staaten und der Freien Stadt Berlin aus. Die Westmächte lehnten die sowjetischen Forderungen entschieden ab.

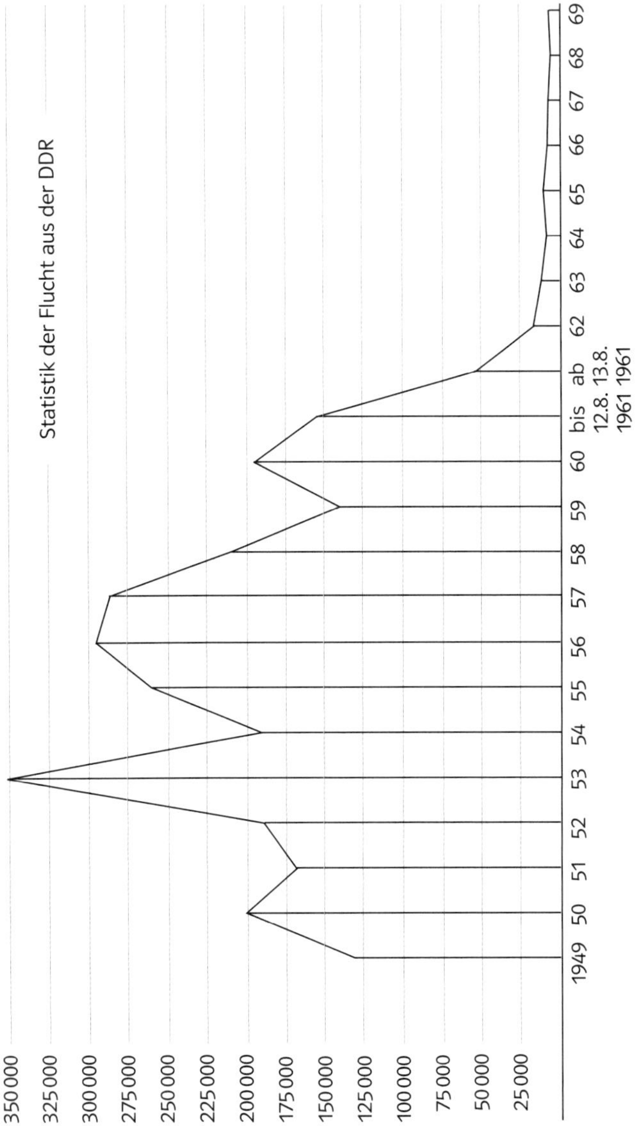
Statistik der Flucht aus der DDR
350 000
325 000
300 000
275 000
250 000
225 000
200 000
175 000
150 000
125 000
100 000
75 000
50 000
25 000
1949
50
51
52
53
54
55
56
57
58
59
60
bis 12.8. 1961
ab 13.8. 1961
62
63
64
65
66
67
68
69

Durch das Chruschtschow-Ultimatum war aber deutlich geworden, dass weder die Sowjet-Führung noch die SED Berlin weiterhin als Schlupfloch in den Westen akzeptieren wollten. Es bildeten sich bald Gerüchte um den Bau einer Mauer zwischen Ost- und West-Berlin. Doch noch am 15.6.1961 antwortete Ulbricht auf die Frage eines Journalisten: „Niemand hat die Absicht, eine Mauer zu errichten!"

Wie brisant die Berlin-Frage war, wird auch darin deutlich, dass der amerikanische Präsident **John F. Kennedy** am 25.7.1961 in einer Fernsehansprache die so genannten **„three essentials"** der amerikanischen Berlinpolitik nannte.

Diese waren:
- Sicherheit und Freiheit für die Bevölkerung in West-Berlin,
- Stationierung westlicher Truppen in den Westsektoren,
- freier Zugang nach West-Berlin.

Diese Schutzgarantie für West-Berlin bedeutete zugleich die Anerkennung des Ost-Teils der Stadt als sowjetisches Einflussgebiet.

Am Morgen des **13.8.1961** war es dann soweit. Bauarbeiter riegelten unter der Aufsicht von Volkspolizei und Nationaler Volksarmee die Grenze ab und begannen mit dem Mauerbau.

Die Bundesregierung musste hilflos zusehen, Proteste der Westalliierten blieben erfolglos. Ein militärisches Eingreifen unterblieb, der Westen hielt sich an die bewährte Politik der Respektierung der Einflusssphären.

4 Wirtschaftliche Stabilisierung

Durch den Mauerbau waren die Menschen in der DDR gezwungen, sich mit den bestehenden Verhältnissen abzufinden. Die SED-Führung versuchte, die Bevölkerung zu mehr Mitarbeit zu gewinnen. Im Juni 1963 wurde das „Neue Ökonomische System der Planung und Leitung der Volkswirtschaft" eingeführt, mit dem folgende Ziele verfolgt wurden:

- Ankurbelung der Wirtschaft,
- Erhöhung des Lebensstandards,
- weitgehende Autarkie von Importen und
- Steigerung der Qualität der Waren.

Folgende Maßnahmen wurden zur Erreichung dieser Ziele ergriffen:

- Lockerung der Planwirtschaft und Stärkung der Selbstverantwortung der Betriebe,
- Einführung eines Prämiensystems als Anreiz für die Erwirtschaftung von Gewinnen,
- Verbleib der Prämien in den jeweiligen Betrieben zur Investition,
- Einführung leistungsbezogener Löhne.

Diese Reformen führten in der DDR bald zu einer **wirtschaftlichen Stabilisierung** und bildeten den Ausgangspunkt für den Aufstieg der DDR zur zweitstärksten Wirtschaftsmacht im Ostblock. Ergebnis dieser Erfolge war ein gestärktes politisches Selbstbewusstsein, das dazu führte, dass die DDR-Regierung 1967 das „Gesetz über die Staatsbürgerschaft der DDR" erließ und sich in der **neuen Verfassung von 1968** als „sozialistischer Staat deutscher Nation" bezeichnete, in dem unter der „Führung der Arbeiterklasse und ihrer marxistisch-leninistischen Partei" der Sozialismus verwirklicht werde.

Kalter Krieg und Wirtschafts-wunder

1950 – 1953	Korea-Krieg
1950	Schuman-Plan
1950	Aufnahme der DDR in den RGW
18. April 1951	Gründung der EGKS (Montanunion)
10. März 1952	Angebot Stalins zur Wiedervereinigung Deutschlands
17. Juni 1953	Arbeiteraufstand in der DDR
23. Oktober 1954	Pariser Verträge
5. Mai 1955	Der Deutschlandvertrag tritt in Kraft
14. Mai 1955	Aufnahme der DDR in den Warschauer Pakt
23. Oktober 1956	Beginn des Volksaufstandes in Ungarn
25. März 1957	Römische Verträge (Gründung von EWG und Euratom)
27. Oktober 1958	Zweite Berlin-Krise
13. August 1961	Bau der Berliner Mauer
Oktober 1962	Kuba-Krise
1964 – 1973	Vietnam-Krieg
1. Juli 1967	Gründung der Europäischen Gemeinschaft
21. August 1968	Einmarsch von Truppen des Warschauer Paktes in die CSSR
6. April 1968	Sozialistische Verfassung der DDR

Die Wandlung des Ost-West-Verhältnisses bis zur Maueröffnung

1 Rüstungsbegrenzung der Supermächte

In der **Kuba-Krise (1962)** war den Politikern in Ost und West klar geworden, dass es keiner Seite gelingen würde, ihren eigenen Machtbereich weltweit auszudehnen. Das Ziel konnte also nur sein, den eigenen Machtbereich zu sichern und allenfalls in Krisensituationen darüber hinaus zu greifen. Das Potenzial an Atomwaffen war auf beiden Seiten so riesig, dass eine Vernichtung allen Lebens auf der Erde sowohl für die USA als auch für die UdSSR ohne weiteres möglich gewesen wäre.

Doch erst 1969 kamen Vertreter der beiden Supermächte USA und UdSSR abwechselnd in Wien und in Helsinki zu **Abrüstungsgesprächen** zusammen. Das Ergebnis dieser Gespräche war der SALT-I-Vertrag (Strategic Arms Limitation Talks), zu dessen Unterzeichnung erstmals ein amerikanischer Präsident – **Richard Nixon** – zu seinem sowjetischen Amtskollegen **Leonid Breschnew** nach Moskau gereist war.
In den SALT-I-Verträgen wurden **Rüstungsbegrenzungen** festgelegt – von einer wirklichen Abrüstung war noch nicht die Rede. Beiden Seiten sollte es aber möglich sein, die Gegenseite zu kontrollieren. Auch in den 1979 begonnenen SALT-II-Verhandlungen verständigten sich die Verhandlungspartner nur auf eine Höchstzahl an Interkontinentalraketen. Zudem schränkten sie die Entwicklung neuer Raketensysteme ein. Der Einmarsch sowjetischer Truppen in Afghanistan im Dezember 1979 (Besetzung bis 1989) verhinderte die Ratifizierung des SALT-II-Vertrags in den USA, trotzdem hielten sich die beiden Mächte an die Vereinbarungen.

2 Die KSZE-Verhandlungen

Zwischen 1972 und 1975 verhandelten alle europäischen Staaten (außer Albanien) mit den USA und Kanada über **Sicherheit und Zusammenarbeit in Europa** (KSZE). Sie einigten sich auf folgende Grundregeln, die in der **Schlussakte von Helsinki** festgehalten wurden, ohne dadurch völkerrechtlich verbindlich zu sein:

- Achtung der Grenzen,
- Verzicht auf Gewaltanwendung,
- Anerkennung der Menschenrechte,
- Anerkennung der Grundfreiheiten,
- Ankündigung von Militärmanövern und Zulassung von ausländischen Beobachtern,
- menschliche Kontakte über Grenzen hinweg,
- Schutz von Minderheiten.

In den KSZE-Verhandlungen ging es nicht nur um Rüstungsbegrenzung; vielmehr wurden die Grundlagen für eine zukünftige **Friedensregelung in Europa** festgelegt, nämlich:

- Souveränität und Gleichberechtigung aller Staaten,
- das Selbstbestimmungsrecht der Völker,
- Gewaltverzicht bei Streitigkeiten,
- Nichteinmischung in die Angelegenheiten anderer Völker,
- Achtung der Menschenrechte.

In KSZE-Folgetreffen sollte auf die Einhaltung der Beschlüsse geachtet werden. Beim KSZE-Folgetreffen in Wien (1986–1989) stand die Frage der Menschenrechte im Mittelpunkt. Die Schlussdokumente von Wien schrieben

- das Recht auf Auswanderung,
- die Reisefreiheit und
- den Rechtsschutz bei Verhaftungen fest.

Die Betonung der Menschenrechte beschleunigte in den Ostblock-Staaten den **Demokratisierungsprozess**.

3 Politik der Stärke in Ost und West (1975–1985)

In den Jahren nach 1975 erfuhren die Abrüstungsbemühungen einige Rückschläge. Dies hing mit der schwächer werdenden Stellung der USA zusammen, die ihre Niederlage im Vietnam-Krieg (1975) eingestehen und den Sieg des Kommunismus in Angola (1976) hinnehmen mussten.

Die Sowjetunion unter **Leonid Breschnew** hingegen signalisierte ihren Machtanspruch:

- durch Unterstützung kommunistischer Regime in der Dritten Welt,
- durch provozierte Konflikte (Einmarsch in Afghanistan 1979),
- durch militärische Aufrüstung der Sowjetunion,
- durch die Erneuerung der Interkontinentalraketen und
- durch die Stationierung neuer Mittelstreckenraketen (SS 20) in Europa.

Der amerikanische Präsident **Ronald Reagan** reagierte seinerseits mit einer Politik der Stärke und begann mit dem Aufbau eines **satellitengesteuerten Raketenabwehrprogramms** (SDI), das zwar auch in der westlichen Welt äußerst umstritten war, jedoch die Sowjetunion in eine neue Phase der Hochrüstung zwang, die schließlich nicht mehr finanzierbar war.

4 Gorbatschows Reformprogramm

In den 70er-Jahren war die UdSSR zu einem scheinbar gleichwertigen Partner der USA in der Weltpolitik aufgestiegen. Diese Ebenbürtigkeit bezog sich aber nur auf die militärische Stärke. In Wirklichkeit hatte die UdSSR eine Vielzahl von **Problemen**:

- die Wirtschaft war nicht leistungsfähig, die Produktivität musste gesteigert werden,
- Korruption, Bürokratismus und die Verantwortungslosigkeit von Funktionären schadeten der Volkswirtschaft,

- Nationalitätenkonflikte in den baltischen und in den asiatischen Republiken spitzten sich zu,
- in den islamischen Republiken im Süden der Sowjetunion entstanden Unabhängigkeitsbewegungen,
- die innenpolitische Opposition wuchs angesichts der Nichteinhaltung der von der Verfassung garantierten Grundrechte und der Verfolgung Andersdenkender („Dissidenten").

Mit diesen Problemen sah sich **Michail Gorbatschow** konfrontiert, als er im März 1985 zum Generalsekretär der KPdSU bestimmt wurde. Als Reaktion auf den desolaten Zustand des Landes propagierte er **Glasnost** (Offenheit, Meinungsfreiheit, Demokratie) und **Perestroika** (wirtschaftliche Veränderungen). Sein Ziel war es,

- die Akzeptanz des politischen Systems bei allen Bürgern der Sowjetunion zu erhöhen und
- mit marktwirtschaftlichen Maßnahmen die wirtschaftliche Misere des Landes zu überwinden.

In der Außenpolitik forderte Gorbatschow ein **Neues Denken**, das die Beziehungen der UdSSR zu den USA auf eine neue Basis stellen sollte. Seine Ziele waren:

- friedliche Koexistenz der verschiedenen weltanschaulichen Systeme,
- Entschärfung von internationalen Konfliktherden,
- vertrauensbildende Maßnahmen mit politischen Mitteln,
- Beendigung des volkswirtschaftlich ruinösen Rüstungswettlaufs.

Schon 1985 kam es zu Verhandlungen zwischen Reagan und Gorbatschow über den Abbau atomarer Mittel- und Langstreckenraketen. 1987 wurde schließlich der von Gorbatschow angeregte **INF-Vertrag** (Intermediate Nuclear Forces) unterzeichnet, der festlegte, dass innerhalb von drei Jahren alle amerikanischen und sowjetischen Mittelstreckenraketen beseitigt werden sollten (Null-Lösung). Die Sowjetunion sagte außerdem zu,

- ihre Truppen aus Afghanistan zurückzuziehen,
- sozialistische Regime in der Dritten Welt nicht länger zu unterstützen,
- ihre Armee um 500 000 Mann zu reduzieren,
- sechs Panzerdivisionen aus der DDR, der Tschechoslowakei und aus Ungarn abzuziehen.

Gorbatschow war angetreten, die UdSSR zu reformieren. Ihm war an der Fortexistenz des Sozialismus in der Sowjetunion gelegen - ein Ziel, das er nicht erreichte. Seine außenpolitischen Maßnahmen führten aber zur **Beendigung des Kalten Krieges**.

Europa vor der Einigung

1 Die Europäische Gemeinschaft

Innerhalb der EG fielen in den 70er- und 80er-Jahren eine Reihe von wichtigen Entscheidungen:

- 1973 wurden Dänemark, Irland und Großbritannien in die Gemeinschaft aufgenommen. Großbritannien hatte während der siebziger Jahre schon zweimal die Aufnahme in die Gemeinschaft beantragt, scheiterte aber jedes Mal am Veto des französischen Staatspräsidenten **de Gaulle**.
- 1975 wurde der **ECU** eingeführt. Er war eine rechnerische Währungseinheit, die Europa zu einer stabilen Währungszone machen sollte. Mit der Einführung des **Euro** zum 1.1.2002 verlor der ECU seine Gültigkeit.
- 1979 fand die erste Direktwahl zum **Europäischen Parlament** statt. Das Europaparlament hatte damit eine demokratische Legitimation durch die Bürger Europas.
- 1981 wurde die EG um Griechenland,
- 1986 um Spanien und Portugal erweitert. Diese südeuropäischen Staaten hatten schon seit Mitte der 70er-Jahre ihre Aufnahme in die Gemeinschaft beantragt. Diese wurde aber abgelehnt, da in allen drei Staaten Diktatoren an der Macht waren. Nach den Satzungen der EG war aber nur die Aufnahme von demokratischen Staaten möglich.
- Nach den Wandlungen im Ostblock beschloss der Europäische Rat in Paris im November 1989 die Gründung einer **Europäischen Bank für Wiederaufbau und Entwicklung**, mit deren Hilfe die Reformländer in Mittel- und Osteuropa auf ihrem Weg zur Demokratie unterstützt werden sollten.

2 Aufbruch in Osteuropa

Schon nach Unterzeichnung der KSZE-Schlussakte von Helsinki (1975) organisierte sich in den Ostblockstaaten der Wunsch nach Freiheit und Selbstbestimmung in **Bürgerrechtsbewegungen**. Besonders in Polen war die Unzufriedenheit mit dem sozialistischen Wirtschafts- und Gesellschaftssystem groß. Als der Krakauer Kardinal Karol Wojtyla 1978 zum Papst gewählt wurde, weckte dies in der Bevölkerung die Hoffnung auf eine Beendigung des Sozialismus. Schon 1979 besuchte **Johannes Paul II.** seine polnische Heimat und sprach sich öffentlich für Menschenrechte und die Selbstbestimmung des polnischen Volkes aus.

Wirtschaftliche Schwierigkeiten und Engpässe in der Lebensmittelversorgung brachten die Industriearbeiter der polnischen Küstenstädte auf die Barrikaden. Besonders die Arbeiter der Danziger Leninwerft organisierten sich unter Führung von **Lech Walesa** in der bald landesweit operierenden Gewerkschaft **Solidarność** und hofften auf Aufmerksamkeit und Unterstützung durch das westliche Ausland. Die polnische Führung verbot die Gewerkschaft und verhaftete zahlreiche Mitglieder, konnte aber nicht verhindern, dass sie nach wie vor über viele Sympathisanten in Polen und im Ausland verfügte. 1983 erhielt Lech Walesa den Friedensnobelpreis, der Papst besuchte im gleichen Jahr zum zweiten Mal Polen. Dies alles hatte Signalwirkung, doch der Wandel zu demokratischen Verhältnissen erfolgte erst nach der Liberalisierung in der UdSSR unter Gorbatschow.

Seit 1986 zeichnete sich der **Zerfall des Ostblocks** ab, im August 1989 öffnete Ungarn für die Flüchtlinge, die sich in die Deutsche Botschaft in Budapest gerettet hatten, die Grenze nach Österreich. Der „Eiserne Vorhang" war damit zerrissen, die Menschen im Osten hatten eine Möglichkeit zur Flucht in den Westen gefunden. Auch viele DDR-Bürger nutzten diese Möglichkeit, um in die Freiheit zu gelangen, bevor am 9.11.1989 mit der **Öffnung der Berliner Mauer** die innerdeutsche Grenze passierbar wurde.

Demokratischer Umbruch in Osteuropa

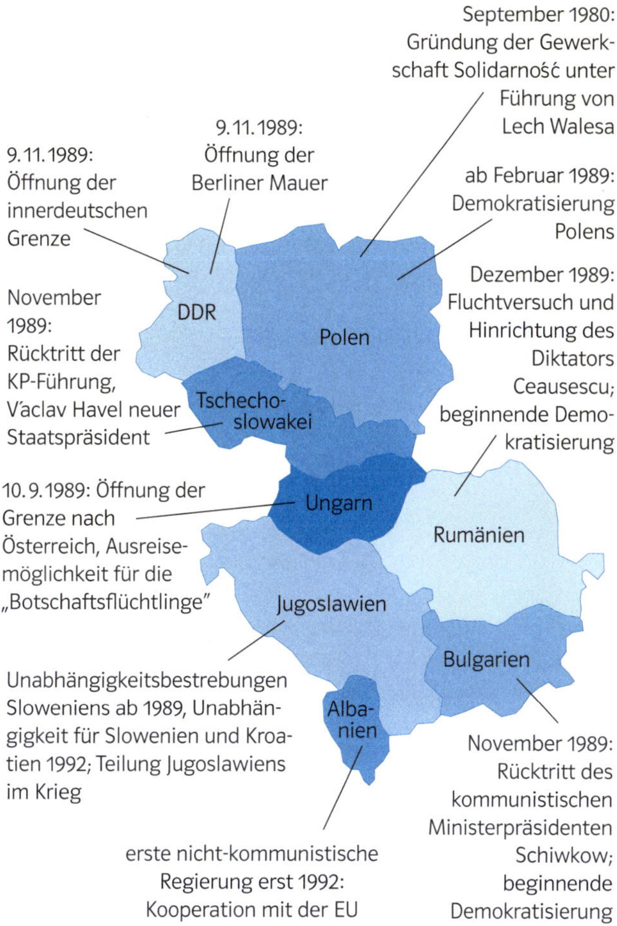

Die Entwicklung in der Bundesrepublik Deutschland

1 Die Regierungszeit Willy Brandts

Die meisten Wähler, aber auch die Abgeordneten von CDU / CSU und SPD hatten in der Großen Koalition nur eine Übergangslösung gesehen. Als im Herbst 1969 neue Bundestagswahlen anstanden, errang die SPD mit 42,7% der Wählerstimmen zwar nicht die absolute Mehrheit, konnte aber mithilfe der FDP (5,8%), die in Fragen der Wirtschafts- und Ostpolitik ähnliche Ziele verfolgte, die Regierung bilden. Der neue Bundeskanzler hieß **Willy Brandt** (SPD), Außenminister wurde **Walter Scheel** (FDP).

Das Jahr 1969 bedeutete für die SPD eine Wende. Zum ersten Mal seit 1930 stellte die SPD den Kanzler, zum ersten Mal seit dem Zweiten Weltkrieg gab es in der Bundesrepublik Deutschland eine SPD / FDP-Regierung auf Bundesebene. Willy Brandt, der neue Bundeskanzler, stand für eine neue Politik, von der sich viele Menschen in Ost und West nach Jahren der Abgrenzung zum Osten mehr **Offenheit**, **innenpolitische Liberalisierung** und **soziale Gerechtigkeit erhofften**.

2 „Mehr Demokratie wagen"

Brandts Regierungsprogramm von 1969 lautete: „Mehr Demokratie wagen". Das war ein Signal vor allem an die jüngeren Wähler, deren Erwartungen erfüllt werden sollten:

- So wurde 1970 das **Wahlalter** von 21 auf 18 Jahre gesenkt.
- Eine **Bildungsreform** sollte es verstärkt Kindern aus Arbeitnehmerhaushalten ermöglichen, Abitur zu machen und ein Studium zu absolvieren.

- Die **Schulen** sollten durch die Einführung der reformierten Oberstufe bzw. die Zulassung von Gesamtschulen demokratischer werden.
- Ein verändertes **Betriebsverfassungsgesetz** wurde als wichtiger Schritt zu mehr betrieblicher Mitbestimmung angesehen.
- Die SPD reformierte das **Ehe- und Familienrecht**: Der Grundsatz der Gleichberechtigung wurde verwirklicht, bei Scheidungen wurde nicht mehr nach der Schuld eines Ehepartners gefragt, es galt das Prinzip der Zerrüttung der Ehe.
- Auch das **Strafrecht** wurde modernisiert. Das Prinzip von Schuld und Sühne wurde durch den Gedanken der Resozialisierung abgelöst. Die Zielsetzungen des Kabinetts Brandt wiesen weit in die Zukunft, doch drängende Probleme verhinderten manches Reformvorhaben:
- Die staatlichen **Sozialausgaben** verdoppelten sich in fünf Jahren.
- Der **Extremistenerlass**, den die Ministerpräsidenten der Länder 1972 beschlossen, sollte den Bestand einer wehrhaften Demokratie sichern: Bewerber für den öffentlichen Dienst wurden einer Routinekontrolle unterzogen, um festzustellen, ob sie einer radikalen Vereinigung (z.B. der RAF) nahe standen (dann wäre ihnen der Weg in den Staatsdienst versperrt geblieben) oder ob sie für die Demokratie eintreten wollten.
- 1973 kam es zu einer **Wirtschaftskrise**; die Drosselung der Erdölförderung durch die OPEC-Staaten und der Anstieg des Ölpreises um 300% zeigte die Abhängigkeit der deutschen Wirtschaft von internationalen Gegebenheiten und die Grenzen des Machbaren auf.

3 Neue Ostpolitik

Große Verdienste erwarben Brandt und die SPD / FDP-Regierung durch die von ihnen in die Wege geleitete Neuorientierung in der Ostpolitik:

- Schon als Außenminister der Großen Koalition bemühte sich Willy Brandt um eine **Entspannung der deutsch-deutschen Beziehungen**.
- Zudem war die **außenpolitische Lage** günstig. Die USA unter Richard Nixon förderten eine Annäherung der beiden deutschen Staaten im Rahmen einer internationalen Entspannungspolitik.
- Egon Bahr, unter Brandt Staatssekretär im Kanzleramt, hatte schon 1963 für einen **„Wandel durch Annäherung"** plädiert.

In seiner Regierungserklärung von 1969 ging Brandt auf das Ost-West-Verhältnis ein. Ihm ging es primär um **humanitäre Erleichterungen**, von denen die Deutschen diesseits und jenseits der innerdeutschen Grenze profitieren sollten: Reiseerleichterungen, Verbesserungen der Handelsbeziehungen und kultureller Austausch. Brandts Ziel war es, die Beziehungen zum Osten auf eine neue Basis zu stellen. Dabei war er bereit, die Existenz eines zweiten deutschen Staates faktisch (nicht völkerrechtlich, das war durch das Grundgesetz nicht möglich) anzuerkennen. Er unterstrich, dass die beiden deutschen Staaten „in einem besonderen Verhältnis zueinander" stünden und „füreinander nicht Ausland" sein könnten. Durch diese Einschränkungen konnten die Verträge zwischen der Bundesrepublik und der DDR auch die Hürde des Bundesverfassungsgerichts (angerufen durch die CDU / CSU-Opposition, die einen Ausverkauf westdeutscher Interessen befürchtete) passieren. Die Besonderheit der Beziehungen wurde dadurch betont, dass die Bundesrepublik und die DDR keine Botschafter, sondern „ständige Vertreter" austauschten – deren Aufgaben aber identisch mit denjenigen eines Botschafters waren.

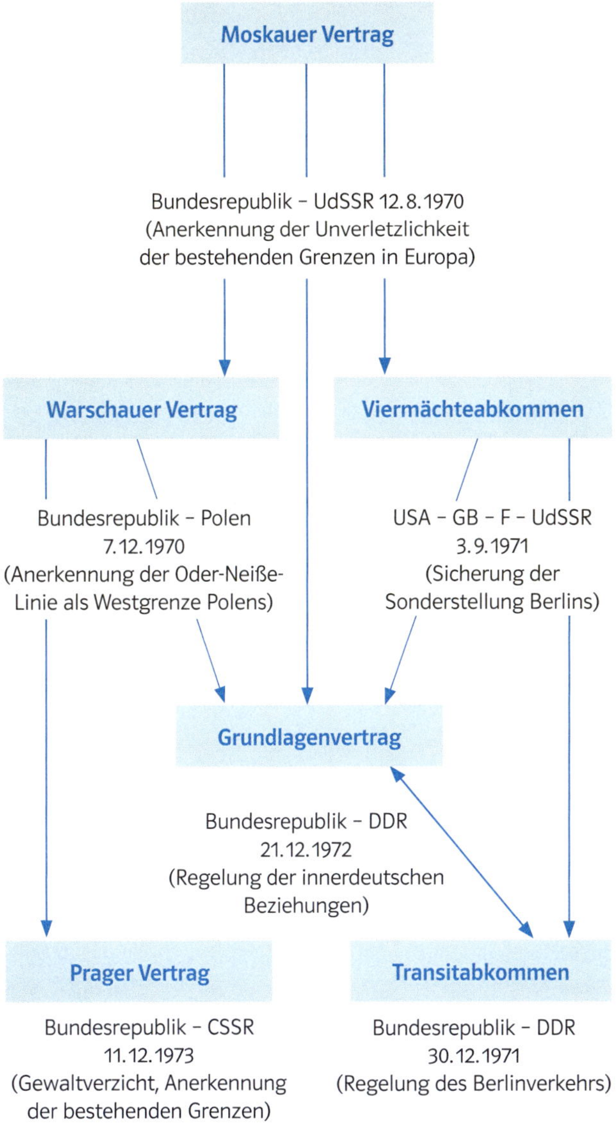
Moskauer Vertrag
Bundesrepublik – UdSSR 12.8.1970
(Anerkennung der Unverletzlichkeit der bestehenden Grenzen in Europa)
Warschauer Vertrag
Viermächteabkommen
Bundesrepublik – Polen
7.12.1970
(Anerkennung der Oder-Neiße-Linie als Westgrenze Polens)
USA – GB – F – UdSSR
3.9.1971
(Sicherung der Sonderstellung Berlins)
Grundlagenvertrag
Bundesrepublik – DDR
21.12.1972
(Regelung der innerdeutschen Beziehungen)
Prager Vertrag
Transitabkommen
Bundesrepublik – CSSR
11.12.1973
(Gewaltverzicht, Anerkennung der bestehenden Grenzen)
Bundesrepublik – DDR
30.12.1971
(Regelung des Berlinverkehrs)

4 Brandts Machtverlust

Brandts Stellung innerhalb der SPD war nie unumstritten. Schon nach seiner Übernahme der Kanzlerschaft formierten sich innerparteiliche Gegner um Herbert Wehner und Helmut Schmidt, teils aus persönlichen, teils aus sachlichen Gründen. Doch auch der politische Gegner machte dem Kanzler Brandt schwer zu schaffen.

Brandt hatte für seinen Beitrag zur politischen Entspannung in Europa 1971 den Friedensnobelpreis erhalten. Innerhalb Deutschlands waren seine Verdienste weit weniger anerkannt.

- Im April 1972 versuchte ihn die CDU/CSU-Opposition unter **Rainer Barzel** mithilfe eines **konstruktiven Misstrauensvotums** zu stürzen. Barzel hoffte dabei auf die Unterstützung von Abgeordneten des konservativen Flügels der FDP und Funktionsträgern der Vertriebenenverbände, die in der Politik der Regierung Brandt einen Ausverkauf ihrer Interessen sahen. Bei der Auszählung der Stimmen am 27. April zeigte sich jedoch, dass Barzel die Mehrheit knapp verfehlte. Das erste Misstrauensvotum in der deutschen Nachkriegsgeschichte war damit gescheitert. Aufgrund des knappen Abstimmungsergebnisses, das zeigte, dass die Regierung im Bundestag nicht mehr über eine tragfähige Mehrheit verfügte, stellte sich die SPD/FDP-Regierung im Herbst 1972 **vorgezogenen Neuwahlen**, aus denen sie gestärkt hervorging.
- Doch schon im Frühjahr 1974 geriet Willy Brandt in die nächste Krise. **Günter Guillaume**, einer seiner engsten Mitarbeiter, zu dem er auch private Kontakte pflegte, war als **DDR-Spion** enttarnt worden. Guillaume, angeblich als Flüchtling in den Westen gekommen, hatte es geschafft, sich bis in die Spitze der SPD vorzuarbeiten und war so über jeden Schritt des Kanzlers informiert. Willy Brandt übernahm die politische Verantwortung für den Skandal und trat vom Amt des Bundeskanzlers zurück. Ihm folgte – ohne Neuwahlen – Helmut Schmidt nach.

5 Die Regierungszeit Helmut Schmidts

Die Regierungszeit **Helmut Schmidts (SPD)** ist weniger von gesellschaftspolitischen Visionen als von der Orientierung am politisch Machbaren und volkswirtschaftlich Finanzierbaren geprägt. In der Öffentlichkeit wurde diese pragmatische Haltung durch den Beinamen „der Macher" gewürdigt, dem Schmidt gerecht wurde. In den Bundestagswahlen 1976 und 1980 konnte sich Schmidt gegen Helmut Kohl (CDU) und Franz Josef Strauß (CSU) durchsetzen.

Mit folgenden Problemen waren Helmut Schmidt und sein Vizekanzler **Hans-Dietrich Genscher** (FDP) in den Jahren zwischen 1974 und 1982 befasst:

- **Wirtschaftliche Stabilisierung.** Der sozial-liberalen Koalition gelang es, wirtschaftliche Stabilität zu erreichen, die durch die erste Ölkrise von 1973 und die Kosten innenpolitischer Reformen der Ära Brandt in Frage gestellt war. In der Folge nahm die Zahl der Arbeitslosen zu, deren Versorgung zusammen mit den Programmen der Konjunkturförderung die Staatsverschuldung ansteigen ließen.
- **Abwehr des Terrorismus.** Die radikal gewordenen und in die Illegalität abgewanderten Anhänger der Studentenbewegung bedrohten als Baader-Meinhof-Gruppe, später als Rote-Armee-Fraktion (RAF) oder als Bewegung 2. Juni die freiheitliche Ordnung der Bundesrepublik Deutschland. Sie verübten Banküberfälle (zur Finanzierung ihrer Unternehmungen), überfielen deutsche Einrichtungen im Ausland (z.B. die deutsche Botschaft in Stockholm 1975) und entführten und ermordeten hohe Funktionsträger des Staates (Generalbundesanwalt Siegfried Buback) und der deutschen Wirtschaft (den Vorstandsvorsitzenden der Deutschen Bank Jürgen Ponto sowie den Arbeitgeberpräsidenten Hanns-Martin Schleyer).

  Ihren Höhepunkt erreichte die Terrorwelle im Herbst 1977, als die RAF eine Lufthansa-Maschine nach Mogadischu (Somalia) entführte, um andere Terroristen, die in deutschen Gefängnissen einsaßen, freizupressen. Die Regierung Schmidt blieb hart und gab den Terroristen nicht nach. Dies brachte ihr zwar im In- und Ausland Kritik ein, führte aber auch dazu, dass die Terrorgruppe an Sympathie in der Öffentlichkeit einbüßte und klar wurde, dass ihre Aktionen langfristig erfolglos bleiben mussten. In den 90er-Jahren gab die RAF dann ihre Kapitulation bekannt.

- **Streit um die Nachrüstung.** Die 1976 begonnene Aufstellung sowjetischer SS-20-Mittelstreckenraketen, die gegen Mitteleuropa gerichtet und insbesondere in der Bundesrepublik Deutschland als Bedrohung verstanden wurden, führten zum so genannten **NATO-Doppelbeschluss** (1979). Dieser sah vor, dass auch die NATO-Staaten atomare Mittelstreckenwaffen (amerikanische Pershing II-Raketen) in Europa stationieren (Nachrüstung) und zugleich mit der UdSSR über einen Abbau der Mittelstreckenraketen verhandeln sollten.
  In der Bundesrepublik entstand gegen die Nachrüstung eine breite Volksbewegung, die als **Friedensbewegung** unter dem Motto „Frieden schaffen ohne Waffen" Demonstrationen in vielen Großstädten organisierte. Ihr Ziel war, vor einem Atomkrieg auf deutschem Boden zu warnen und die Nachrüstung zu verhindern.
  Die Regierung Schmidt / Genscher hielt jedoch am NATO-Doppelbeschluss fest, der von der neuen Regierung unter Helmut Kohl im November 1983 ratifiziert wurde.

Der innerparteiliche Streit um die Nachrüstung und die zunehmenden wirtschaftlichen Schwierigkeiten leiteten das Ende der Regierung Schmidt ein. Der **Anstieg der Arbeitslosenzahlen** auf über zwei Millionen und die damit verbundenen Sozialleistungen ließ die FDP-Führung über eine Fortsetzung ihrer Koalition mit der SPD nachdenken. Im Oktober 1982 kam es wegen der zunehmenden **Staatsverschuldung** zum Bruch.

CDU/CSU und FDP stürzten Helmut Schmidt als Bundeskanzler durch ein **konstruktives Misstrauensvotum**. Helmut Kohl (CDU) wurde Bundeskanzler, Hans-Dietrich Genscher (FDP) blieb Vize-Kanzler und Außenminister.

6 Bürgerinitiativen und „Die Grünen"

Schon 1972 warnte der **Club of Rome**, ein Gremium führender Wissenschaftler, vor der Zerstörung der Erde durch ein fortgesetztes ungehemmtes wirtschaftliches Wachstum. Die überall sichtbare **Umweltzerstörung** (Waldsterben, Verunreinigung der Gewässer, Zerstörung der Ozonschicht der Erde) und Umweltkatastrophen wie der Chemieunfall von Seveso (1976) und der Atomunfall von Harrisburg/USA (1979) rüttelten auch die Bevölkerung auf.
Da die etablierten Parteien dem Umweltschutz kaum Beachtung schenkten, schlossen sich Betroffene und interessierte Bürger in **Bürgerinitiativen** zusammen, die sich zum Ziel setzten, Umweltprobleme ihres Ortes oder der Heimatregion zu lösen. Sie engagierten sich gegen den Bau von Straßen und Flughäfen, protestierten gegen umweltverschmutzende Fabriken und versuchten den Bau von Kernkraftwerken oder atomaren Entsorgungsanlagen zu verhindern.

Einige engagierte Umweltschützer und Aktivisten der Friedensbewegung gründeten 1980 auf Bundesebene die Partei der Grünen, die sich vor allem um diese Probleme kümmern wollte. In den folgenden Jahren profilierten sich die **Grünen** als Opposition, die besonders die Wähler der SPD ansprach. Schon Ende 1982 waren die Grünen in den Länderparlamenten von Baden-Württemberg, Berlin, Bremen, Hamburg, Hessen und Niedersachsen vertreten.

7 Die Regierungszeit Helmut Kohls

Helmut Kohl (CDU) trat die Kanzlerschaft im Herbst 1982 unter dem Schlagwort der „geistig-moralischen Wende" an. Viele CDU- und CSU-Wähler erhofften sich davon eine Rückkehr zu traditionellen Werten. Die neue **CDU / CSU / FDP-Regierung**, die in den von Bundespräsident Karl Carstens (CDU) angesetzten vorgezogenen Bundestagswahlen im März 1983 von den Wählern mit 55,8 % der Stimmen bestätigt wurde, versprach außerdem, die Wirtschafts- und Beschäftigungskrise zu überwinden.

Die Wähler, die sich von der neuen Regierung eine radikale Abkehr von der bisherigen Politik erhofft hatten, wurden bald enttäuscht. Bundeskanzler Helmut Kohl und Außenminister Hans-Dietrich Genscher setzten auf Kontinuität in der Außenpolitik, auch die Deutschlandpolitik der sozial-liberalen Koalition wurde fast unverändert fortgeführt. Lediglich in der Wirtschafts- und Sozialpolitik setzte die Regierung Kohl neue Akzente.

Folgende wichtigen Ereignisse fielen in die ersten Jahre der Regierung Kohl:

- Mit den **Grünen** zog bei den Bundestagswahlen 1983 zum ersten Mal seit den 50er-Jahren eine vierte Fraktion in den Bundestag ein.
- 1984 wurde **Richard von Weizsäcker** von der Bundesversammlung zum Bundespräsidenten gewählt. In seiner Rede zum 40. Jahrestag des Kriegsendes setzte er sich für eine Neubewertung des 8. Mai als Tag der Befreiung ein und betonte, dass der 8. Mai in direktem Zusammenhang mit dem 30.1.1933, dem Tag der Machtübernahme der Nationalsozialisten, gesehen werden müsse.
- Am 26.4.1986 kam es im Kernkraftwerk **Tschernobyl** (Ukraine) zum „größten anzunehmenden Unfall" **(GAU)** in der Geschichte der Nutzung der Kernenergie. Bei der Explosion von Reaktorblock 4 wurde eine Strahlenmenge freigesetzt, die das 30- bis 40fache der Hiroshima-Bombe von 1945 betrug.

Die radioaktive Wolke breitete sich in westlicher Richtung über Polen, Skandinavien und Mitteleuropa bis nach Nordafrika aus. An den Folgen des Unfalls starben in den nächsten Monaten nach sowjetischen Angaben 31 Menschen, mehrere Hundert mussten wegen einer akuten Strahlenkrankheit in Krankenhäusern behandelt werden. Aufgrund der restriktiven sowjetischen Informationspolitik wurden weite Teile der Ukraine, Weißrusslands und Russlands viel zu spät informiert. Auch Evakuierungen setzten zu spät ein.
Bis heute ist das volle Ausmaß der Katastrophe nicht absehbar. Welche Folgeschäden aufgrund genetischer Defekte in den kommenden Generationen auftreten werden, ist ungewiss.
Die Bundesregierung reagierte mit der Einrichtung des „Ministeriums für Umwelt, Naturschutz und Reaktorsicherheit" auf die Katastrophe. In der breiten Öffentlichkeit hatte der Unfall von 1986 ein Umdenken in Gang gesetzt: Viele Bundesbürger sprachen sich in den folgenden Jahren für einen Ausstieg aus der friedlichen Nutzung der Kernenergie und für die Förderung **alternativer Energien** (z.B. Solarenergie und Windkraft) aus.

- **Der Staatsbesuch Erich Honeckers.** Am 7.9.1987 wurde als erster Staatsratsvorsitzender der DDR Erich Honecker in der Bundesrepublik empfangen. Damit hatte die DDR-Führung ein lang angestrebtes Ziel erreicht, vor allem, weil Honecker mit allen protokollarischen Ehren empfangen wurde, die einem Staatsoberhaupt eines souveränen Staates zukommen. Faktisch war damit die DDR vor der Weltöffentlichkeit als gleichberechtigter Partner anerkannt.

8 Kontinuität in der Ostpolitik

Die christlich-liberale Koalition **führte** die von der SPD/FDP-Regierung begonnene **Ostpolitik fort**. Dies verübelten insbesondere die Vertriebenenverbände, die sich nicht mit der Preisgabe der ehemaligen deutschen Ostgebiete abfinden wollten. Doch trotz aller Auseinandersetzungen um die Raketennachrüstung suchte die Regierung Kohl den Dialog mit dem Osten:

- 1984 vermittelte der bayerische Ministerpräsident Franz Josef Strauß einen **Milliardenkredit** an die DDR, die damit ihre Zahlungsunfähigkeit vorübergehend abwenden konnte. Im Gegenzug musste die DDR die Behinderungen an der innerdeutschen Grenze reduzieren.
- 1986 hatte der innerdeutsche Reiseverkehr seinen bisherigen Höchststand erreicht.
- Mehrere innerdeutsche Städtepartnerschaften wurden abgeschlossen, die den Kontakt zwischen Ost- und Westdeutschen intensivieren sollten.
- Im März 1987 konnten zum ersten Mal Offiziere der Bundeswehr als Beobachter an Manövern des Warschauer Paktes teilnehmen.

9 Wirtschafts- und Sozialpolitik

In den ersten Jahren war die Regierung Kohl wirtschaftspolitisch recht erfolgreich.

- Durch Einsparungen bei Sozialausgaben und
- Kürzungen bei der steuerlichen Förderung von Betrieben wurde der Staatshaushalt entlastet. Hinzu kamen
- eine drastische Senkung des Ölpreises auf dem Weltmarkt und
- ein günstiger Dollarkurs.

Darüber hinaus setzte die christlich-liberale Koalition auf Eigeninitiative und Wettbewerb, Steuerentlastungen für Unternehmen und Zurückhaltung bei staatlichen Reglementierungen.
All diese Faktoren zusammen führten zu einem **Wirtschaftsaufschwung**, der die Bundesrepublik Deutschland zu einem der weltweit führenden Exportländer werden ließ.
Die **Arbeitslosigkeit** war jedoch immer noch ein gesellschaftliches Problem. Trotz der Einführung von Arbeitsbeschaffungsmaßnahmen blieben besonders schlecht ausgebildete Arbeitskräfte, Schwerbehinderte und Arbeitssuchende über 55 Jahren ohne Anstellung.
Zugleich wurde der **Abbau sozialer Leistungen** beschlossen, der soziale Wohnungsbau gestrichen, Rentenerhöhungen gekürzt, das Schüler-Bafög gestrichen, das für Studenten auf Darlehen umgestellt.

Die Situation in der DDR

1 Die Ära Honecker

Die Menschen in der DDR, für die eine Flucht nach dem Mauerbau 1961 kaum noch möglich war, fanden sich mit dem politischen Regime ab, das nun auch mehr Freiheiten gewährte. Eine erfolgreiche **Sportpolitik** erleichterte die Identifikation mit ihrem Staat. Die meisten DDR-Bürger richteten sich in ihrem Staat ein, es entstand eine so genannte **Nischengesellschaft**, in der persönliche Freiräume gepflegt wurden, um dem allgegenwärtigen Apparat von SED und Stasi wenigstens zeitweise zu entkommen.

Probleme hatte die politische Führung der DDR zu Beginn der 70er-Jahre auf internationaler Ebene. Walter Ulbricht trat für eine Abgrenzung der DDR gegenüber dem Westen ein, um den Aufbau des Sozialismus ungestört durchführen zu können. Als er sich dann offen gegen die internationale Entspannungspolitik aussprach, die im deutsch-deutschen Verhältnis im Grundlagenvertrag gipfelte, geriet er in Gegnerschaft zum sowjetischen Kurs. Ulbricht musste 1971 zurücktreten, sein Nachfolger wurde der 1912 in Saarbrücken geborene **Erich Honecker**.

Unter Honecker entkrampften sich die deutsch-deutschen Beziehungen. Der **Grundlagenvertrag**, der für fast zwei Jahrzehnte die Reisebedingungen, die diplomatischen und die Wirtschaftsbeziehungen regelte, wurde 1972 unterzeichnet. Die DDR gewann damit an internationalem Ansehen. Sie wurde 1973 – zeitgleich mit der Bundesrepublik Deutschland – in die UNO aufgenommen und war an der Unterzeichnung der KSZE-Schlussakte 1975 in Helsinki beteiligt.

Die DDR-Führung gab das Ziel der Wiedervereinigung auf. In der Verfassung von 1974 definierte sie die DDR als „sozialistischen Staat", der mit der Sowjetunion in Freundschaft verbunden sein sollte.

2 „Real existierender Sozialismus"

Unter Honecker war die politische Führung der DDR bemüht, den **Lebensstandard der Bevölkerung** anzuheben – nicht zuletzt, um den Erfolg des Sozialismus allen sichtbar vor Augen zu führen und die eigene Bevölkerung ruhig zu stellen. Folgende Maßnahmen wurden eingeleitet:

- Förderung des Wohnungsbaus,
- Erhöhung der unteren Einkommen und der Renten,
- Verkürzung der Arbeitszeit und
- Sicherung der Grundversorgung.

Dem gestiegenen Realeinkommen stand aber kein verbessertes Warenangebot gegenüber. Auf so genannte Luxusgüter wie PKW und Fernsehapparat musste man unter Umständen bis zu zehn oder mehr Jahre warten. Manche DDR-Bürger besaßen West-Währung, ihnen war es möglich, in den „Inter-Shop-" oder „Exquisit-Läden" all das zu kaufen, was es für Ost-Mark nicht gab. Die D-Mark war damit neben der Ost-Mark zur zweiten, inoffiziellen Währung geworden.

Das Leben in der DDR war durch folgende Faktoren bestimmt:

- **Erziehung der Jugend** im Geist des Sozialismus. Die Mitgliedschaft in der Freien Deutschen Jugend **(FDJ)** war Pflicht, wenn man sich nicht Karrierechancen verbauen wollte.
- Möglichst vollständige **Eingliederung der Frauen** in das sozialistische System. Das Ideal war die Berufstätigkeit der Frau, die von 52,5% (im Jahr 1955) auf 73,2% (im Jahr 1980) gesteigert wurde. Eine wirkliche Gleichberechtigung der Frauen

gab es aber nicht, die Führungspositionen in Wirtschaft, Partei und Staat blieben den Männern vorbehalten.

- **Überwachung und Unterdrückung** durch den **Staatssicherheitsdienst**. Die Stasi bemühte sich um eine möglichst vollständige Kontrolle der Bevölkerung und verfügte zu diesem Zweck Ende der 80er-Jahre über etwa 90 000 offizielle und 180 000 inoffizielle Mitarbeiter.
- **Mangelwirtschaft.** Zwar waren Grundnahrungsmittel, die staatlich bezuschusst wurden, billig, doch alles, was nicht unmittelbar der Grundversorgung diente, war teuer oder nicht erhältlich. Kartoffeln und Brot waren deutlich billiger als in der Bundesrepublik, Bohnenkaffee jedoch wesentlich teurer, Bananen und Zitrusfrüchte fast nicht erhältlich. Die Bürger der DDR bezahlten nur geringe Mieten, doch oft fehlte den Wohnungen jeglicher Komfort.

3 Der „Fall" Biermann

Auffallend war, dass die DDR-Führung zu dem Zeitpunkt, als sich das Verhältnis zur Bundesrepublik Deutschland offiziell verbesserte, zu einem Kurs der Abschottung gegenüber dem Westen überging. Die Sperranlagen an der innerdeutschen Grenze wurden ausgebaut, der Zwangsumtausch erhöht (auch um Devisen ins Land zu bekommen) und die Stasi perfektionierte ihr Spitzelsystem.

Einen Höhepunkt erreichte diese Politik der Abgrenzung mit der **Ausbürgerung** des Dichters und Liedermachers Wolf Biermann im Jahr 1976. Der Hamburger Biermann war aus politischer Überzeugung 1953 in die DDR übergesiedelt, engagierte sich dort für den Sozialismus, kritisierte aber die Staats- und Parteiführung heftig. 1962 wurde er aus der SED ausgeschlossen, 1965 erhielt er in der DDR **Auftrittsverbot** und musste fortan seine Werke im Westen veröffentlichen. 1976 befand er sich auf einer Tournee durch die Bundesrepublik, als er am 17. November von seiner Ausbürgerung aus der DDR erfuhr. Biermann war damit eine Rückkehr in die DDR unmöglich gemacht.

Diese Zwangsmaßnahme der SED löste in der DDR eine Protestwelle aus, die vom Staat durch weitere Ausbürgerungen beantwortet wurde. Für Biermann engagierten sich Künstler wie Jurek Becker, Stefan Heym, Heiner Müller und Christa Wolf, die in Ost und West gleichermaßen angesehen waren. Dennoch wurde die Ausbürgerung aufrechterhalten, Biermann wurde erst Anfang 1989 wieder zu einem Konzert in die DDR eingeladen. Doch Biermann war nur einer von vielen Intellektuellen, die sich kritisch und trotzdem grundsätzlich bejahend mit dem sozialistischen System der DDR auseinander setzten. Auch Rudolf Bahro – er dachte über eine neue Wirtschaftsordnung nach – und Robert Havemann – er wollte den DDR-Sozialismus demokratisieren – gehörten dazu.

4 Wirtschaftlicher Niedergang

Honecker bemühte sich um ein konfliktloses Verhältnis zur Sowjetunion und stützte seine Herrschaft ganz auf die Partei und den **Staatssicherheitsdienst** (Stasi). Der **totalitäre Führungsanspruch der SED** galt nach wie vor, eine Freiheit der Meinungsäußerung gab es nicht, was insbesondere von Intellektuellen und Künstlern kritisiert wurde. Trotzdem galten die Jahre nach 1971, die Zeit Honeckers, für viele als die „goldenen Jahre" der DDR. Doch gerade in diesen Jahren wurde der Grundstein für den wirtschaftlichen Niedergang der DDR gelegt.

Die wirtschaftliche Produktivität war gering, der Lebensstandard der Bevölkerung wurde mit Devisen erkauft, über die die DDR aufgrund der eingeschränkten Handelsbeziehungen mit dem Westen nicht in ausreichendem Maß verfügte. Die DDR verschuldete sich im Westen immer mehr und war zu Beginn der 80er-Jahre quasi zahlungsunfähig. Damals halfen die Milliardenkredite der Bundesregierung, die der CSU-Vorsitzende Franz Josef Strauß vermittelt hatte, über den Staatsbankrott hinweg. Sie konnten ihn aber nicht verhindern, sondern nur bis 1989 verzögern.

5 Friedliche Revolution und Zusammenbruch

Oppositionelle Strömungen und Regimekritiker gab es in der DDR immer, doch Mitte der 80er-Jahre wurde die Opposition lauter und zahlreicher. Viele DDR-Bürger waren mit ihrem Staats- und Gesellschaftssystem unzufrieden. Sie litten unter

- einem niedrigen Lebensstandard,
- persönlicher Unfreiheit (keine Reisefreiheit),
- der existierenden Zweiklassengesellschaft (hier das Volk, dort die Funktionäre) und
- der offensichtlichen Diskrepanz zwischen ideologischer Theorie und gesellschaftspolitischer Praxis.

Der aufgestaute Unmut brach im Frühjahr 1989 offen hervor. Die **Volkskammerwahlen** vom Mai waren offensichtlich zugunsten der SED manipuliert worden. Die Parteiführung reagierte jedoch auf Proteste und Forderungen nach demokratischen Entwicklungen, wie sie schon in der UdSSR, in Polen und in Ungarn im Gange waren, mit rigoroser Unterdrückung der Opposition.

Inzwischen taten sich für ausreisewillige DDR-Bürger aber Schlupflöcher auf:

- Im Januar 1989 gelang es einer Gruppe von DDR-Bürgern, die die Ständige Vertretung der Bundesrepublik in Ost-Berlin besetzt hatten, die Zustimmung der DDR-Behörden zu ihrer straffreien Ausreise in den Westen zu erhalten.
- Im August 1989 wurden mehr als 100 DDR-Bürger, die die Botschaft der Bundesrepublik Deutschland in Budapest besetzt hatten, nach Wien ausgeflogen.

Da eine Ausreise aus der DDR in reformorientierte Ostblockländer problemlos möglich war, nutzten viele Menschen diese Gelegenheit und flüchteten nach Warschau, Prag und Budapest in die Botschaften der Bundesrepublik Deutschland, also auf westliches Territorium.

Die Situation blieb unklar und über Wochen angespannt. Niemand wusste so recht, wie die Vorgänge einzuordnen waren und ob nicht doch russische Truppen die Fluchtbewegung stoppen würden. Unter dem Druck der Weltöffentlichkeit musste schließlich die DDR-Führung der Ausreise der **Botschaftsflüchtlinge** zustimmen. Am Abend des 30. September überbrachte Bundesaußenminister Hans-Dietrich Genscher den Flüchtlingen in der Prager Botschaft persönlich die Nachricht von ihrer bevorstehenden Ausreise in die Bundesrepublik.

Im Anschluss an das traditionelle montägliche Friedensgebet am 2.10.1989 begann in Leipzig die **„friedliche Revolution"**. Etwa 20 000 Menschen demonstrierten an diesem und den folgenden Tagen in Leipzig, Dresden, Ost-Berlin und anderen Städten der DDR für Demokratie und Freiheit. Währenddessen feierte sich die SED am 7. Oktober, dem 40. Jahrestag der Staatsgründung der DDR, selbst. Die Demonstrationen wurden als Störung der Feierlichkeiten empfunden und brutal niedergeknüppelt.

Der Generalsekretär der KPdSU **Michail Gorbatschow**, der als Staatsgast den Feiern beiwohnen sollte, wurde von den Demonstranten als Hoffungsträger empfangen, die Staatsführung erwartete von ihm militärische Unterstützung gegen die „Randalierer". Sein gegen Honecker gerichteter, berühmt gewordener Satz „Wer zu spät kommt, den bestraft das Leben" machte jedoch klar, dass sich die Sowjetunion nicht in die deutsche Politik hineinziehen lassen würde; ganz im Gegenteil: Gorbatschow bekräftigte das Recht jedes Warschauer-Pakt-Staates, über seine eigenen Angelegenheiten selbst zu entscheiden.

Dieses Signal aufgreifend, nahmen die Demonstrationen gegen die SED zu. Am 9. Oktober zogen 70 000 Menschen durch die Leipziger Innenstadt, eine Woche später waren es bereits 120 000. Sie machten ihrem Unmut mit Rufen wie „Wir bleiben hier!" Luft und forderten einen Verzicht der SED auf ihr Machtmonopol, freie Wahlen, die Auflösung der Stasi und die Verbesserung der Versorgung mit Lebensmitteln und Konsumgütern.

Von einer Auflösung der DDR war noch nicht die Rede, durch grundlegende Reformen sollte das erstarrte System reformiert werden.

Die SED-Führung war am Erhalt ihrer Macht interessiert und gewillt, einigen Forderungen der Demonstranten nachzugeben. Honecker, der sich gegen Veränderungen sperrte, wurde am 18. Oktober als Generalsekretär abgesetzt, einige Tage später verlor er auch die Ämter des Staatsratsvorsitzenden und des Vorsitzenden des Nationalen Verteidigungsrates. Honecker war damit vollständig entmachtet. Die offizielle Sprachregelung lautete, dass er „aus gesundheitlichen Gründen" von allen Ämtern zurückgetreten sei.

Egon Krenz wurde Honeckers Nachfolger als Generalsekretär der SED und als Vorsitzender des Staatsrates. Er zeigte sich nach allen Seiten gesprächsbereit, kündigte Reformen an, versprach Reiseerleichterungen und amnestierte Flüchtlinge und Demonstranten. Doch die SED hatte ihre Glaubwürdigkeit verspielt, die Demonstrationen gingen weiter. Am Abend des **9. November** gab das Politbüromitglied Günter Schabowski vor laufenden Fernsehkameras völlig überraschend und auch eher zufällig die **Öffnung der Grenzen** der DDR zur Bundesrepublik und nach West-Berlin bekannt. Tausende von DDR-Bürgern und Ostberlinern machten sich auf, noch in derselben Nacht die Grenze nach Westen zu passieren, wo sie von jubelnden Westberlinern empfangen wurden.

In den nächsten Tagen kamen etwa vier Millionen Menschen in den Westen, die meisten nur zu Besuch. Jeder DDR-Bürger erhielt ein einmaliges Begrüßungsgeld von 100 DM. Die DDR-Führung setzte inzwischen den Schießbefehl außer Kraft und baute die Grenzanlagen ab.

Am 13. November wurde **Hans Modrow** zum Ministerpräsidenten gewählt und folgte damit Willi Stoph, der zusammen mit dem gesamten Politbüro zurückgetreten war.

Ende November legte Bundeskanzler Helmut Kohl ein **Zehn-Punkte-Programm** vor, das eine Vertragsgemeinschaft mit einer demokratisierten DDR anstrebte. Dieses war für eine Übergangszeit gedacht und sollte die Teilung Deutschlands überwinden helfen, bis aus einem lockeren Staatenbund der deutsche Gesamtstaat entstehen könnte.

Wichtige Punkte im Vorschlagskatalog des Kanzlers waren:

- Soforthilfe für die DDR im humanitären Bereich,
- Vertiefung der bestehenden Zusammenarbeit (z. B. beim Umweltschutz, in Wirtschaft, Forschung und Kultur),
- umfassende Hilfe und Zusammenarbeit,
- Schaffung eines dichten Netzes von Vereinbarungen und von gemeinsamen Einrichtungen und
- die Einbettung des deutschen Vereinigungsprozesses in die gesamteuropäische Entwicklung.

Weitere wichtige Ereignisse auf dem Weg zur deutschen Einheit waren:

- Die SED änderte ihren Namen in „Partei des demokratischen Sozialismus" **(PDS)**. Damit sollte ein Neuanfang signalisiert werden. Die Partei war jedoch bestrebt, ihren Einfluss und ihr Vermögen zu behalten.
- Nachdem die SED das Machtmonopol verloren hatte, berieten Vertreter der Regierung, der Parteien, der Bürgerbewe-

gungen und der Kirchen im Dezember als **Runder Tisch** über die Demokratisierung der DDR. Sie setzten für den 18.3.1990 Neuwahlen an.

- Die Bürger der DDR sprachen sich mehr und mehr für eine Vereinigung der beiden deutschen Staaten aus (wurden die Montagsdemonstrationen von dem Ruf „Wir sind das Volk!" begleitet, hieß es jetzt **„Wir sind ein Volk!"**).

Die deutsche Einigung

allgemeine Unzufriedenheit

Volkskammerwahlen im Mai 1989

Flucht vieler DDR-Bürger in die westdeutschen Botschaften in Ungarn, Polen und der Tschechoslowakei

**2. Oktober 1989:
Montagsgottesdienst in Leipzig als Auslöser für Massendemonstrationen**

Ablösung Honeckers

**9.11.1989:
Öffnung der innerdeutschen Grenzen**

Gespräche über die Zukunft Deutschlands („Runder Tisch")

**3.10.1990:
Vereinigung Deutschlands**

Die Wandlung des Ost-West-Verhältnisses bis zur Maueröffnung

20. Oktober 1969	Willy Brandt wird Bundeskanzler
1969	Beginn der KSZE-Verhandlungen
ab August 1970	Ostverträge
Juni 1971	Erich Honecker löst Walter Ulbricht als Staatschef der DDR ab
3. September 1971	Viermächteabkommen über Berlin
27. April 1972	Misstrauensantrag gegen Brandt
21. Dezember 1972	Grundlagenvertrag tritt in Kraft
1973	1. Ölkrise
6./16. Mai 1974	Rücktritt Brandts, Helmut Schmidt wird Bundeskanzler
7. Oktober 1974	Neue Verfassung der DDR
1975	Ende des Vietnam-Krieges
1. August 1975	KSZE-Schlussakte von Helsinki
1975	Einführung des ECU
November 1976	Ausbürgerung Wolf Biermanns
1978	Karol Wojtyla wird Papst Johannes Paul II.
7.–10. Juni 1979	Erste Direktwahl zum Europäischen Parlament
12. Dezember 1979	NATO-Doppelbeschluss
Dezember 1979	Einmarsch der UdSSR in Afghanistan
1980	Bildung der „Grünen" als Bundespartei
1. Oktober 1982	Helmut Kohl wird Bundeskanzler
11. März 1985	Michail Gorbatschow wird Generalsekretär der KPdSU
26. April 1986	Reaktorunfall von Tschernobyl
8. Dezember 1987	Unterzeichnung des INF-Vertrages
4. Juni 1989	Niederschlagung der Demokratiebewegung in China
9. November 1989	Öffnung der Berliner Mauer

Neue weltpolitische Konstellationen und wiedervereinigtes Deutschland

1 Der Zerfall der UdSSR

Zu Beginn der 90er-Jahre befand sich die UdSSR in einer Übergangsphase. Der Kommunismus bot keine tragfähige Ideologie mehr, das neue **System Gorbatschows** erschien vielen zu wenig durchdacht und als Verrat an den bisherigen Ideen. Bei allem außenpolitischen Ansehen, das Gorbatschow in Deutschland, Europa und der Welt genoss, konnte er mit „Glasnost" und „Perestroika" kaum innenpolitische Erfolge verzeichnen.
Aufgrund der veränderten Lage in Osteuropa zerfiel der Ostblock. Der Warschauer Pakt wurde zum 1.7.1991 aufgelöst. Die am Rand des sowjetischen Imperiums gelegenen Länder Estland, Lettland und Litauen sowie Armenien, Aserbaidschan, Georgien, die Ukraine und Moldawien erstrebten ihre politische Unabhängigkeit.

Gorbatschows unmittelbarer Gegenspieler, der Präsident der Russischen Republik **Boris Jelzin**, forderte noch weitergehendere Reformen. Als Gorbatschow bei einem konservativen Staatsstreich im August 1991 an seinem Urlaubsort auf der Krim seinen politischen Widersachern in die Hände fiel, war es der Entschlusskraft Jelzins zu verdanken, dass der Putsch zusammenbrach und die Putschisten vor Gericht gestellt werden konnten. Damit waren aber auch die Tage Gorbatschows als Staatspräsident gezählt. Jelzin, der die KPdSU verboten hatte, beanspruchte das höchste Staatsamt für sich. Gorbatschow blieb nur der Rücktritt von allen Ämtern (25.12.1991). Die Sowjetunion hörte auf zu bestehen, sie wurde durch die **Gemeinschaft Unabhängiger Staaten (GUS)** ersetzt, der formell der

russische Präsident Jelzin vorstand. Die einstmals so mächtige Sowjetunion war nun in viele Teile zerfallen.
Nach dem Rücktritt von Jelzin wurde **Wladimir Putin** (geb. 1951) im Jahr 2000 russischer Staats- und Regierungschef. Sein Kurs bewegt sich zwischen innenpolitischer Härte und außenpolitischem Selbstbewusstsein; an einer Verständigung mit dem Westen ist Putin gelegen. In der **Irak-Frage** im Frühjahr 2003 stand Putin auf der Seite der Kriegsgegner Deutschland und Frankreich.

2 Schwerpunkte der Außenpolitik der USA

1989 hatte Vizepräsident **George H. Bush** die Präsidentschaftswahlen in den USA gewonnen. Er hielt an den bisherigen außenpolitischen Positionen der USA fest und setzte den Dialog mit der UdSSR fort, unterstützte aber auch die Vereinigung Deutschlands und betonte dessen Zugehörigkeit zum westeuropäischen Bündnis.

Anfang August 1990 besetzte der irakische Diktator **Saddam Hussein** mit seinen Truppen Kuwait, erklärte dieses zu einer irakischen Provinz und schnitt die Erdölreserven Kuwaits von der westlichen Welt ab. Die internationale Staatengemeinschaft verurteilte das Vorgehen des Irak, die USA übernahmen die Führung in der antiirakischen Koalition und überzeugten Saudi-Arabien, amerikanische Soldaten ins Land zu lassen. Mithilfe eines Wirtschaftsembargos gegen den Irak versuchten die Vereinten Nationen die Position Kuwaits zu stärken. Da alle friedlichen Bemühungen zur Lösung des Konflikts ergebnislos geblieben waren, entschlossen sich die USA zum Krieg gegen den Irak, der als **„Golfkrieg"** in die Geschichte eingegangen ist. Mitte Januar 1991 begannen die USA zusammen mit ihren Verbündeten (Großbritannien, Frankreich, Saudi-Arabien, Marokko, Syrien, Ägypten), die militärische Infrastruktur des Irak zu zerstören. Ende Februar 1991 war der Krieg mit der Kapitulation des Irak beendet. Die Truppen Saddam Husseins mussten sich aus Kuwait zurückziehen.

Ein Problemfall für die US-Außenpolitik blieb die Europapolitik. Zwar hatte die Regierung von George H. Bush die Integration europäischer Staaten unterstützt, doch weckten die wirtschaftliche Abschottung und der Versuch einer europäischen Sicherheitspolitik zu Beginn der 90er-Jahre Bedenken vor einer **„Festung Europa"**, in der für die Interessen der USA kein Platz zu sein schien. Erst die Regierung **Clinton** (ab 1993) setzte auf eine selbstständige europäische Sicherheits- und Verteidigungspolitik und auf die Zusammenarbeit mit der Europäischen Union.
Einen tiefgreifenden Einschnitt in das Selbstwertgefühl und das Sicherheitsbedürfnis der Amerikaner bedeuten die Ereignisse vom **11. September 2001**. Islamische Terroristen unter der Führung des El Quaida-Chefs **Osama bin Laden** lenkten zwei entführte Passagierflugzeuge in die Twin-Towers des **World Trade Centers in New York**, die daraufhin vollständig einstürzten. Ein drittes Flugzeug beschädigte fast zeitgleich das amerikanische Verteidigungsministerium in Washington schwer. Die USA unter Präsident **George W. Bush** antworteten darauf mit der Bildung einer **Koalition gegen den internationalen Terrorismus,** der sich fast alle Länder der Welt anschlossen. Im darauf folgenden **Krieg gegen Afghanistan**, der Hochburg von El Quaida, konnte das dort herrschende Taliban-Regime beseitigt und eine demokratisch gewählte Regierung eingesetzt werden. Danach nahm die Regierung Bush den **Irak** ins Visier: Angeblich sollte der dort herrschende Diktator **Saddam Hussein** über Atomwaffen verfügen – eine Behauptung, die von vielen Regierungen (z.B. der deutschen, französischen und russischen) und Institutionen (z.B. der Uno) zu Recht angezweifelt wurde, wie man inzwischen weiß. Die USA begannen im März 2003 einen Krieg gegen den Irak und stürzten Saddam Hussein.

„Neue Unübersichtlichkeit" in Europa

1 Veränderungen in Osteuropa

Die neuen Prämissen der sowjetischen Außenpolitik führten auch in den Ostblockstaaten zu Veränderungen. In allen Ländern wurden die demokratischen Oppositionsbewegungen gestützt. Politiker, die noch einige Jahre vorher als Aufrührer galten und mit Gefängnisstrafen belegt wurden, rückten nun in hohe Staatsämter auf. Beispiele:

- In Polen setzte sich die demokratische Bewegung um die Gewerkschaft Solidarność durch. Ihr führender Kopf, **Lech Walesa**, wurde 1990 Staatspräsident.
- In der Tschechoslowakei wurde der Bürgerrechtler **Václav Havel** zum Präsidenten gewählt und der ehemalige Anführer des „Prager Frühlings" (1968), **Alexander Dubček**, zum Parlamentspräsidenten ernannt. Zusätzlich teilte sich die Tschechoslowakei 1992 friedlich in Tschechien und die Slowakei.
- In Ungarn setzte nach dem Rücktritt des kommunistischen Parteichefs Janós Kádár mit der Bildung neuer Parteien und freier Gewerkschaften die Demokratisierung des Staates ein.
- Auch in Bulgarien, Rumänien und Albanien vertrieben die Bürger die kommunistischen Regime und öffneten sich wieder für die westliche Staatengemeinschaft.

2 Die Europäische Union

Nach 1989 veränderte sich die Europäische Gemeinschaft:

- Im Herbst 1991 vereinigte sie sich mit den EFTA-Staaten Finnland, Island, Norwegen, Schweden und Österreich zu einem gemeinsamen europäischen Wirtschaftsraum (**EWR**). Ziel war es, einen Wirtschaftsraum zu schaffen, der mit den Zusammenschlüssen auf dem amerikanischen oder dem asiatischen Kontinent konkurrieren kann.
- Im **Maastricht-Vertrag** (Dezember 1991) wurde die Schaffung der Europäischen Union festgeschrieben. Seit dem 1. November 1993 lautet der offizielle Name nicht mehr Europäische Gemeinschaft, sondern **Europäische Union** (EU).

Die EU ist kein Zentralstaat, sondern ein Verbund von verschiedenen Staaten, ihre politischen Möglichkeiten sind deshalb gering. Nach dem geltenden **Subsidiaritätsprinzip** greift die EU nur in die Bereiche regelnd ein, die von den untergeordneten Einheiten (z. B. Staaten, Bundesländer, Gemeinden) nicht selbst geregelt werden können.

- Ab 1990 trat das am 14.6.1985 geschlossene **Schengener Abkommen** in Kraft. Anfangs wurden nur die Kontrollen im Warenverkehr reduziert, seit März 1995 wird zwischen den Benelux-Staaten, Deutschland, Frankreich, Portugal und Spanien, seit Oktober 1997 auch zwischen diesen Ländern sowie Italien und Österreich auf Grenzkontrollen im Personenverkehr weitgehend verzichtet.
- Besonders deutlich wurde die Existenz der EU für die Bürger Europas am 1.1.2002 mit der **Einführung des EURO** als einzigem offiziellen Zahlungsmittel.

Die „Verfassungsorgane" der EU

Der deutsche Einigungsprozess 1990

1 Schritte zur Wiedervereinigung

Nach der Öffnung der Grenzen zeigte sich, dass es kein langsames Zusammenwachsen der beiden deutschen Staaten geben konnte:

- Die Regierung **Modrow** wollte eine **„sozialistische Marktwirtschaft"**, an der sich die westdeutsche Wirtschaft beteiligen sollte. Dieses Konzept wurde im Westen nicht angenommen, so dass die DDR-Führung in Bedrängnis kam und bei der Bundesregierung um eine finanzielle Soforthilfe von 15 Milliarden DM nachsuchte. Dieser Wunsch wurde abgelehnt, stattdessen wurde über die Einführung einer Wirtschafts- und Währungsunion nachgedacht.
- Die **DDR-Bürger** waren auf **wirtschaftliche Sicherheit** bedacht; sie forderten die Einführung der D-Mark auch im Osten, andernfalls – so lauteten wiederholte Aussagen – kämen sie in die Bundesrepublik Deutschland.
- Als der sowjetische Präsident **Gorbatschow** im Januar 1990 signalisierte, dass die UdSSR eine **deutsche Wiedervereinigung** nicht behindern würde, steuerte die Regierung Kohl dieses Ziel an.

2 Die Volkskammerwahl vom 18. März 1990

Die Volkskammerwahl war für die Bürger der DDR die **erste freie Wahl** seit 58 Jahren. Sie brachte eine Wahlbeteiligung von 93,2%, was auf ein enormes Interesse der Wähler schließen lässt.

Der Wahlkampf wurde von den alten Parteien der DDR und Spitzenpolitikern aus der Bundesrepublik Deutschland geprägt. So unterstützte Bundeskanzler Helmut Kohl die „Allianz für Deutschland". Die teilweise erst wenige Monate vor der Wahl gebildeten Oppositionsgruppen wie „Neues Forum" und „Demokratie jetzt" hatten kaum Chancen, im Wahlkampf auf sich aufmerksam zu machen.

Diese Wahl war auch eine **Abstimmung über die weitere Zukunft der DDR**:

- Die „Allianz für Deutschland" (ein Wahlbündnis bestehend aus CDU, DA und DSU) trat wie die CDU / CSU in Westdeutschland für eine rasche Vereinigung der beiden deutschen Staaten ein.
- Die SPD strebte ein allmähliches Zusammenwachsen an.
- Die PDS, die Nachfolgeorganisation der SED, machte sich ebenso wie verschiedene Oppositionsgruppen für die Eigenständigkeit der DDR stark.
- Das Wahlergebnis stellte ein klares Votum für das Konzept der „Allianz für Deutschland" dar:
  CDU: 40,9 %, SPD: 21,8 %, PDS: 16,3 %, DSU: 6,3 %, Liberale: 5,3 %, Sonstige: 9,4 % der Stimmen.

Das Ergebnis der Volkskammerwahl verdeutlichte, dass die Bürger in der DDR nicht an die Reformierbarkeit des Staates glaubten.

3 Währungs-, Wirtschafts- und Sozialunion

Mit der neuen, demokratisch gewählten Regierung unter **Ministerpräsident Lothar de Maizière (CDU)** trat die Bundesregierung sofort in Verhandlungen über die Errichtung einer Währungs-, Wirtschafts- und Sozialunion ein.
Die von der Bundesregierung als Voraussetzung für die Währungsunion genannte **Einführung der sozialen Marktwirtschaft**

in der DDR sagte Lothar de Maizière zu. Nun stellte sich die Frage, auf welchem Weg die wirtschaftliche Einheit erreicht werden sollte:

- Wirtschaftsexperten sprachen sich für die Schaffung eines einheitlichen Wirtschaftsraumes aus, wozu das Produktionsniveau allmählich angeglichen werden sollte.
- Die Mehrheit der Bevölkerung in der DDR forderte aber immer dringender die sofortige Einführung der D-Mark.

Schließlich musste der **schnelle Weg zur wirtschaftlichen Vereinigung** eingeschlagen werden. Gründe dafür waren:

- die Ausreise von täglich etwa 2000 Bürgern, die im Westen ihr Glück versuchen wollten, weil sie den wirtschaftlichen Verhältnissen im Osten misstrauten,
- der rapide Verfall der DDR-Wirtschaft durch den Zusammenbruch des Planungssystems,
- der Wegfall von Handelspartnern, da die traditionellen Abnehmerländer im Ostblock eigene Probleme hatten und als Abnehmer ausfielen,
- die extrem hohe Staatsverschuldung der DDR.

Im Mai 1990 unterzeichneten die Finanzminister der beiden deutschen Staaten den **Staatsvertrag**, der am 1.7.1990 in Kraft trat. Damit bekamen die DDR-Bürger die D-Mark statt der Ostmark. Löhne, Gehälter und Renten wurden in D-Mark ausbezahlt, Sparguthaben bis 6000 Mark im Verhältnis 1:1 umgetauscht.

Die Übernahme des westdeutschen Wirtschaftssystems durch die DDR brachte aber noch mehr Schwierigkeiten. Die meisten Betriebe konnten dem Konkurrenzdruck aus dem Westen nicht standhalten und aufgrund der gestiegenen Preise im Ostblock nichts mehr absetzen. Viele **Firmenpleiten** und eine hohe **Arbeitslosenzahl** waren die Folge.

4 Der Einigungsvertrag

Der Einigungsvertrag regelte die rechtlichen Aspekte der Wiedervereinigung. Er wurde am 31.8.1990 von den Innenministern der Bundesrepublik Deutschland und der DDR, Wolfgang Schäuble und Günther Krause, unterzeichnet und trat am **3.10.1990** in Kraft. Der 3. Oktober ist seitdem als **Tag der deutschen Einheit** der deutsche Nationalfeiertag. Die wesentlichen Bestimmungen des Einigungsvertrags sind:

- Die DDR tritt der Bundesrepublik Deutschland bei.
- Die von der DDR-Regierung aufgelösten und im Juli 1990 wieder gegründeten **Länder** Brandenburg, Mecklenburg-Vorpommern, Sachsen, Sachsen-Anhalt und Thüringen werden deutsche Bundesländer.
- **Berlin** wird die Hauptstadt der Bundesrepublik Deutschland. Über den Sitz von Parlament und Regierung wurde nichts ausgesagt.
- Das **Recht** der Bundesrepublik Deutschland gilt künftig auch auf dem Gebiet der ehemaligen DDR.
- Das **Vermögen** der DDR wird Eigentum der Bundesrepublik Deutschland.
- **Enteignungen** der Jahre 1945 bis 1949 werden nicht mehr rückgängig gemacht.
- Die **Treuhandanstalt** hat als Anstalt des öffentlichen Rechts die Aufgabe, die ehemals volkseigenen Betriebe zu privatisieren.
- Die **Sozialsysteme** der beiden deutschen Staaten werden einander angeglichen.

Durch den Einigungsvertrag wurde das Grundgesetz in einigen Punkten geändert und zudem in der ehemaligen DDR in Kraft gesetzt.

5 Die Vereinigung Deutschlands als internationales Problem

Kaum ein europäischer Politiker war von der Idee eines wiedervereinigten Deutschlands begeistert. Zu frisch waren die Erinnerungen an das deutsche Großmachtstreben zu Beginn und um die Mitte des 20. Jahrhunderts, zu nah das Leid, das von den Deutschen im Ersten und Zweiten Weltkrieg verursacht worden war. Außerdem war nicht klar, was von einem wiedererstarkten und vereinten Deutschland in wirtschaftlicher Hinsicht zu erwarten war.

Folgende Positionen wurden vertreten:

- Die **US-Regierung** sprach sich unter der Voraussetzung, dass Deutschland Mitglied der NATO und der EG bleibt, für eine deutsche Vereinigung aus.
- Die Linie der **UdSSR** war wechselhaft. Vor 1990 wurde eine Vereinigung Deutschlands abgelehnt. Zu Beginn des Jahres 1990 sprach sich Gorbatschow für die Wiedervereinigung aus, allerdings unter der Prämisse, dass Gesamt-Deutschland nicht Mitglied der NATO und neutral sein müsse. Nach dem Kohl-Besuch im Kaukasus (Juli 1990) erklärte sich Gorbatschow mit dem Verbleib des geeinten Deutschland in der NATO einverstanden und versprach – gegen Geld- und Sachleistungen – den Abzug der sowjetischen Truppen aus der DDR bis Ende 1994.
- **Francois Mitterand** äußerte als französischer Präsident aus sicherheitspolitischen Gründen Bedenken gegen die Erstarkung seines östlichen Nachbarn.
- Die britische Premierministerin **Margaret Thatcher** sah die militärische und wirtschaftliche Kraft eines vereinigten Deutschlands als Störfaktor für die europäische Stabilität.

Diese internationalen Bedenken wurden in den Zwei-plus-Vier-Gesprächen erörtert und zur weitgehenden Zufriedenheit aller Beteiligten ausgeräumt.

6 Die Zwei-plus-Vier-Gespräche

Der Einigungsvertrag war nur eine Vereinbarung zwischen den beiden deutschen Staaten. Alle Abmachungen mussten mit den internationalen Rahmenbedingungen im Einklang sein. Deutschland durfte nichts beschließen, was den Vereinbarungen mit den Siegermächten des Zweiten Weltkrieges widersprach.

Für weiterreichende deutsch-deutsche Abmachungen, Beschlüsse Berlin oder einen Friedensvertrag betreffend, musste erst das **Einverständnis der Siegermächte** eingeholt werden. Diese Funktion sollten die Zwei-plus-Vier-Verhandlungen erfüllen. Die Verhandlungen wurden durch die Zusage Gorbatschows vom 16.7.1990 möglich, das wiedervereinigte Deutschland könne in der NATO verbleiben.

An den Gesprächen waren die Außenminister der Siegermächte beteiligt: für die UdSSR Eduard Schewardnadse, für Großbritannien Douglas Hurd, für die USA James Baker und für Frankreich Roland Dumas. Die beiden deutschen Staaten wurden durch Lothar de Maizière (DDR) und Hans-Dietrich Genscher (BRD) vertreten.

Die Zwei-plus-Vier-Verhandlungen (unterzeichnet am 12.9.1990) hatten folgende **Ergebnisse**:

- Bestätigung des Status quo der Grenzen des vereinigten Deutschlands.
- Verzicht des vereinigten Deutschlands auf territoriale Ansprüche.
- Verzicht Deutschlands auf den Besitz von ABC-Waffen.
- Reduzierung der Bundeswehr auf 370 000 Mann.
- volle Souveränität für Deutschland.

Die Zwei-plus-Vier-Gespräche ermöglichten eine **Lösung der „deutschen Frage"**: Die Siegermächte des Zweiten Weltkrieges waren mit der Vereinigung der beiden deutschen Staaten unter klar festgelegten Bedingungen einverstanden. Einer Wiedervereinigung der Bundesrepublik Deutschland und der DDR stand nichts mehr im Weg. Die Zwei-plus-Vier-Verträge gelten als **Friedensvertrag**, die alliierte Oberherrschaft über Deutschland war zu Ende.

7 Vereinigung der beiden deutschen Staaten

Die deutsche Wiedervereinigung wäre auf zwei verschiedenen Wegen erreichbar gewesen. Das Grundgesetz sah folgende Möglichkeiten vor:

- den Beitritt „anderer Teile Deutschlands" zur Bundesrepublik Deutschland (Art. 23 GG) und
- den Zusammenschluss der beiden deutschen Staaten, der die Ausarbeitung einer neuen, gemeinsamen Verfassung bedurft hätte (Art. 146 GG).

Der Bundesregierung und der Mehrheit der Bevölkerung in der DDR lag daran, den schnelleren Weg (nach Art. 23 GG) zu wählen. Somit trat am **3.10.1990** die DDR der Bundesrepublik Deutschland bei.
Um Deutschland und aller Welt zu signalisieren, dass die Wiedervereinigung eine **Zäsur in der deutschen Geschichte** darstellt, dass aber auch die Deutschen in den neuen Bundesländern ernst genommen und keine Deutschen zweiter Klasse sind, beschloss der Deutsche Bundestag am 20.6.1991, den Regierungssitz nach Berlin zu verlegen.

Das vereinigte Deutschland

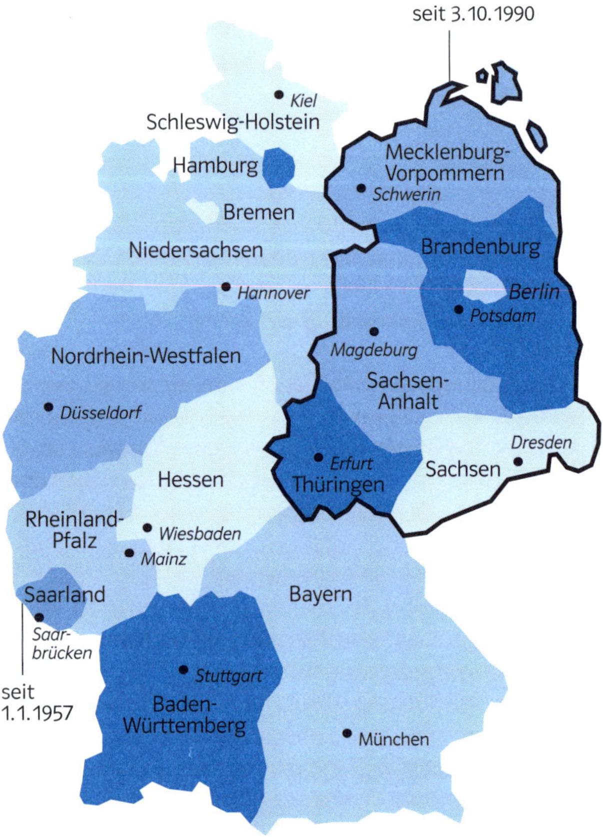

Deutschland nach der Wiedervereinigung

1 Probleme der deutschen Einheit

Helmut Kohl hatte den Deutschen im Osten bei der Wiedervereinigung angekündigt, die neuen Bundesländer binnen weniger Jahre in „blühende Landschaften" zu verwandeln. Dass dieses Versprechen zu optimistisch war, stellte sich bald heraus.

Folgende Probleme wurden schnell deutlich:

- **Wirtschaftlicher Bankrott der DDR.** Zum Zeitpunkt ihres Beitritts zur Bundesrepublik Deutschland war die DDR bankrott. Die staatseigenen Betriebe wirtschafteten unrentabel und waren der neuen Konkurrenz, die sich durch die Erweiterung des Marktes ergab, nicht gewachsen. Betriebe mussten schließen, Werke wurden stillgelegt, die Menschen verloren ihre Arbeit oder durften nur noch Kurzarbeit leisten.
  Als die **Treuhandanstalt** begann, unrentable staatliche Firmen zu privatisieren, stieg die Zahl der Arbeitslosen noch weiter. Schon 1991 waren über 800 000 Arbeitslose registriert.
- Auch die ökologischen Zustände in der DDR waren katastrophal. Die **Umwelt** wurde ausgebeutet, die Industrie arbeitete billigst – also ohne die im Westen üblichen Vorkehrungen des Umweltschutzes. Braunkohlekraftwerke und Chemiebetriebe waren die größten Umweltverschmutzer, sie arbeiteten meist ohne Filter in den Abluftanlagen.
  Gewässer wurden zur Müllentsorgung verwendet, viele Flüsse und Seen in der DDR waren ökologisch tot, die Trinkwasserversorgung nicht gesichert. Einen immensen Schaden richteten auch die Müllimporte aus dem Westen an, die die DDR gegen Devisen angenommen, aber nicht sachgerecht

entsorgt hatte.

- Große Probleme zeigten sich beim **Wohnungsbau**. Die Innenstädte waren verfallen, die Häuser teilweise noch im Vorkriegszustand.
- Auch die **Infrastruktur** war längst nicht mehr zeitgemäß; Autobahnen, Straßen und das Gleisnetz der Bahn waren sanierungsbedürftig.
- Nach der Wiedervereinigung taten sich immense soziale Probleme auf. Der Verlust der Arbeitsstelle führte bei vielen Menschen zu **wirtschaftlicher Not** und zu sozialer Unsicherheit. Der Übernahme der Westpreise (z. B. für Mieten, Strom, Gas und Lebensmittel) stand kein gleichwertiger Ausgleich z. B. durch Lohnerhöhungen oder Tarifanpassungen gegenüber. Viele ehemalige DDR-Bürger reagierten auf diese unbefriedigende wirtschaftliche Situation mit dem Umzug in den Westen, was der Wirtschaft im Osten ebenfalls schadete.
- Auch die **Vergangenheitsbewältigung** war für viele Menschen aus dem Osten ein Problem. Der Lebensinhalt von vielen wurde nun kritisch hinterfragt, das Regime, dem sie meist widerstandslos die Treue gehalten hatten, hatte sich als korrupt und verbrecherisch erwiesen. Die Enttarnung vermeintlich guter Freunde oder gar Familienangehöriger als inoffizielle Mitarbeiter (IM) der Stasi ließ viele Menschen tief betroffen zurück. Oft hatte auch die eigene Biografie Risse.
- Nach der Wiedervereinigung häuften sich **rechtsradikal motivierte Straftaten** in den neuen Bundesländern. Anschläge auf Asylbewerberheime gab es besonders in den Jahren 1992 bis 1994.

2 Neuorientierung der deutschen Außenpolitik

Dem wiedervereinigten Deutschland kam wieder ein starkes außenpolitisches Gewicht zu. Manche Politiker in Europa sahen dies mit Sorge, alte Ängste kamen hoch. Diese galt es, durch eine verantwortungsvolle Politik zu beruhigen.

Folgende Problemfelder ergaben sich:

- **Deutschland und der Westen.** Der Regierung Kohl lag daran, die Furcht vor einem vergrößerten und wiedererstarkten Deutschland zu beruhigen. In vielen Verhandlungen mit den westlichen Nachbarn wurde deutlich gemacht, dass die Bundesrepublik keine hegemoniale Stellung in Europa beanspruchen würde. Ganz im Gegenteil: Das geeinte Deutschland würde sich in den Rahmen des „europäischen Hauses" einfügen und den Ausbau der Europäischen Union aktiv vorantreiben. Es würde auch Mitglied der NATO bleiben, wodurch seine Waffensysteme und die Struktur der Bundeswehr für die anderen NATO-Staaten überprüfbar sind.
- **Deutschland und der Osten.** Die Öffnung der Grenzen zwischen Ost und West weckte auf beiden Seiten problematische Erinnerungen an die Zeit vor dem Niedergang des „Eisernen Vorhangs": Die Deutschen hatten Polen, die Tschechoslowakei und die Sowjetunion überfallen, große Zerstörungen angerichtet und menschliches Leid verursacht. Die Menschen im Osten hatten mit der Vertreibung der Deutschen geantwortet. Um in dieser Situation einen Neuanfang in den staatlichen Beziehungen zu erreichen, versprach die Regierung Kohl, sich für eine Aufnahme der Staaten Osteuropas in die Europäische Union bzw. in die NATO stark zu machen und sagte wirtschaftliche und finanzielle Hilfe beim Aufbau der Marktwirtschaft und bei der Durchführung demokratischer Reformen zu.
- **Deutschland und die Welt.** Die deutsche Regierung verhielt sich in den Jahren nach 1990 in internationalen Konflikten äußerst zurückhaltend. Die NATO-Partner und vor allem die USA

erwarteten aber ein verstärktes Engagement des vereinigten Deutschlands bei internationalen Krisen. Seit 1992 nahm die Bundeswehr an Blauhelmmissionen (humanitäre und medizinische Hilfe) in Kambodscha, Somalia und im ehemaligen Jugoslawien teil. Das **Out-of-Area-Urteil** des Bundesverfassungsgerichts machte am 12.7.1994 den Weg auch für militärische Einsätze der Bundeswehr außerhalb des NATO-Gebietes im Rahmen einer UNO-Mission frei. Der **Einsatz deutscher Soldaten in Afghanistan** nach dem Attentat vom 11. September 2001 auf das World Trade Center in New York basiert auf dieser Grundlage.

3 Der Regierungswechsel 1998

Am 27.9.1998 gewann die SPD mit ihrem Kanzlerkandidaten **Gerhard Schröder** die Bundestagswahl. Die SPD erhielt 40,9% der Stimmen, die CDU/CSU mit Helmut Kohl an der Spitze 35,2%. Das war für die CDU/CSU-Parteien das schlechteste Bundestagswahlergebnis seit 1949. Die Grünen kamen auf 6,7%, die FDP auf 6,2% und die PDS auf 5,1% der Stimmen. Es kam zu einer rot-grünen Koalitionsregierung unter Kanzler Schröder, Außenminister wurde Joschka Fischer (Grüne). Wolfgang Schäuble folgte Helmut Kohl als Vorsitzender der CDU nach.

Wichtige Themen der Politik während der Kanzlerschaft Gerhard Schröders waren:

- Beginn des **Kosovo-Kriegs** im März 1999. Die NATO bemühte sich um einen Rückzug Serbiens aus dem Kosovo, zugleich sollte der serbische Präsident Milosevic entmachtet werden.
- Der frühere Ministerpräsident von Nordrhein-Westfalen **Johannes Rau** (SPD) folgte im Mai 1999 **Roman Herzog** (CSU) als Bundespräsident nach.
- Im Zuge der CDU-Spendenaffäre trat **Wolfgang Schäuble** im Dezember 1999 als Parteivorsitzender der CDU zurück, **Angela Merkel** rückte in dieses Amt nach.

- Einer Entscheidung des Europäischen Gerichtshofs vom Januar 2000 zufolge dürfen künftig auch **Frauen in der Bundeswehr** Dienst an der Waffe leisten.
- Im Juni 2000 beschlossen die Bundesregierung und die Industrie den langfristigen **Ausstieg aus der Atomenergie**.
- Nach dem Anschlag auf das **World Trade Center** am 11.9.2001 beteiligten sich zum ersten Mal nach dem Zweiten Weltkrieg deutsche Soldaten an Kampfhandlungen außerhalb des NATO-Gebiets (Afghanistan).
- In der Bundestagswahl 2002 gewann die rot-grüne Koalition mit einem hauchdünnen Vorsprung vor schwarz-gelb unter Edmund Stoiber (CSU). Gerhard Schröder wurde wieder zum Bundeskanzler gewählt.
- Am 20. März 2003 begannen die USA den Krieg gegen den Irak (dritter Golfkrieg). Hintergrund waren die amerikanischen Beschuldigungen, der irakische Diktator Saddam Hussein stünde mit den islamischen Terroristen unter Führung Osama bin Ladens, die das Attentat vom 11. September 2001 geplant und durchgeführt hatten, in Verbindung. Man warf ihm außerdem vor, durch Massenvernichtungswaffen, die der Irak besitze, den Weltfrieden zu gefährden. Diese Behauptung konnte jedoch im und nach dem Krieg, der nach wenigen Wochen beendet war, nicht erhärtet werden. Deutschland, Frankreich und Russland beteiligten sich nicht an diesem Krieg, weil sie den von der USA angeführten Kriegsgründen nicht zustimmen konnten.
- Im Mai 2004 wurde **Horst Köhler** als gemeinsamer Kandidat von CDU, CSU und FDP zum neuen Bundespräsidenten gewählt.

Neue weltpolitische Konstellationen und wiedervereinigtes Deutschland

1989	George H. Bush wird Präsident der USA
1990	Schengener Abkommen
18. März 1990	erste freie Wahl in der DDR
1. Juli 1990	Währungs-, Wirtschafts- und Sozialunion
August 1990	Überfall auf Kuwait durch den Irak (Golfkrieg: Januar-Februar 1991)
12. September 1990	Unterzeichnung der Zwei-plus-Vier-Verträge
3. Oktober 1990	Vereinigung der beiden deutschen Staaten
1. Juli 1991	Auflösung des Warschauer Paktes
19. August 1991	(erfolgloser) Putsch gegen Präsident Gorbatschow
25. Dezember 1991	Rücktritt Gorbatschows
9./10. Dezember 1991	Maastricht-Vertrag
20. Januar 1993	Bill Clinton wird Präsident der USA
1. Januar 1994	Schaffung des Europäischen Wirtschaftsraumes
Juli 1994	Roman Herzog wird Bundespräsident
27. September 1998	Gerhard Schröder wird Bundeskanzler
23. Mai 1999	Johannes Rau wird Bundespräsident
1999	Beginn des Kosovo-Kriegs
2001	George W. Bush wird Präsident der USA
11. September 2001	Anschlag auf das World Trade Center in New York
20. März 2003	Beginn des Krieges der USA gegen den Irak
23. Mai 2004	Horst Köhler wird Bundespräsident

Prüfungsvorbereitung

Wenn Sie in Geschichte Abitur machen wollen, können Sie meist zwischen einer mündlichen und einer schriftlichen Prüfung wählen. Für beide Prüfungsarten gelten recht ähnliche Regeln, die Sie beachten sollten.

Es gibt zwei **Aufgabentypen**:

- Möglicherweise wird Ihnen ein **Satzthema** vorgelegt. Das könnte folgendermaßen lauten: „Erläutern Sie die unterschiedliche Rolle der politischen Parteien und Gruppierungen bei der Auflösung der DDR und der Wiedervereinigung." Mit diesem Thema müssten Sie sich auf Grund Ihrer Sachkenntnis **argumentativ** auseinander setzen.
- Üblicher sind aber Themen, die auf einer historischen **Quelle** basieren (z. B. Text, Bild oder Karte). Dazu bekommen Sie Fragen vorgelegt, mit deren Hilfe Sie die Quelle erläutern und Ihre darüber hinausgehenden Kenntnisse zu Ihrem Schwerpunktgebiet darlegen sollen. Beispiel: „Erarbeiten Sie anhand des vorliegenden Auszugs aus seinem Tagebuch, welche Haltung Franz Josef Strauß zu den Ost-Verträgen einnahm. Legen Sie dar, welche Alternativen es zu dieser Handlungsweise gab und wer sie verfolgte. Zeigen Sie abschließend an zwei Beispielen, welche Auswirkungen diese ‚Neue Ostpolitik' auf das Leben der Menschen in Ost und West hatte."

Die Darstellung dieser möglichen Fragen zeigt zweierlei:

1. In der Geschichte sind Quellen überaus wichtig.
2. In den Fragen sind unterschiedliche Anforderungsniveaus erkennbar.

Beiden Aspekten wird nun nachgegangen werden.

1. Was sind geschichtliche Quellen?

Ohne **Quellen** geht in Geschichte nichts. Woher sollten wir etwas aus der schriftlosen Zeit der Vorgeschichte wissen, wenn es nicht Bodenfunde gäbe, die man auswerten kann? Wer könnte uns noch vom Mittelalter berichten, wenn nicht klösterliche Chroniken oder in Auftrag gegebene Herrscherbiografien? In der neueren Geschichte verhält es sich ähnlich. Die Nachwelt wüsste wenig über den Russlandfeldzug Hitlers, wenn es nicht Aufzeichnungen oder mündliche Berichte von Soldaten gäbe, die dabei waren.

Man kann Quellen ordnen in:

Textquellen	Chroniken, Romane, Briefe, Tagebücher, Lebenserinnerungen, Mitschriften von Parlamentsdebatten, Protokolle, Texte von Reden, Verträge, Gesetze, Verordnungen, Verfassungstexte, Urkunden, Parteiprogramme, Zeitungsartikel usw.
Bildquellen	Gemälde, Zeichnungen, Fotografien, Plakate, Mosaike, Postkarten, Briefmarken, Geldscheine, Münzen usw.
Text-/Bild-Quellen	Flugblätter, Karikaturen, Briefmarken, Münzen, historische Karten, wissenschaftliche Karten usw.
gegenständliche Quellen	Bodenfunde, Baudenkmäler, Gegenstände aus dem Alltagsleben usw.
mündliche Quellen, Tonquellen	Zeitzeugenberichte, Interviews, Radiosendungen, Hörbilder usw.
Ton-/Bild-Quellen	Filme, Videomitschnitte usw.

Diese Auflistung ist nicht vollständig. Auch aufgrund der neuen Medien kommen immer wieder neue Quellentypen dazu. Grundsätzlich gilt aber: Alles, was etwas über vergangene Zeiten aussagt, ist eine historische Quelle.

2 Wie geht man mit Quellen um?

Quellen sprudeln oft lang, ehe sie versiegen. So ist es auch mit historische Quellen: Sie haben uns viel zu sagen, wir müssen sie nur richtig befragen. Und auch, wenn sie sich auf den ersten Blick sehr unterscheiden, so gibt es doch eine Menge Gemeinsamkeiten, die für alle Quellentypen gleich oder ähnlich sind. Das ermöglicht es uns, die **Quellen auszuwerten** und Kenntnisse über die Vergangenheit zu erhalten.

Allen Quellen ist gemeinsam, dass sie uns Auskunft geben auf die Fragen:

Wer?	Wer hat die Quelle angefertigt? Wer hat sie geschaffen oder in Auftrag gegeben?
Was?	Was ist der Inhalt der Quelle? Welche Informationen kann man ihr entnehmen? Was sagt sie aus? Worüber erfahren wir etwas?
Wie?	Wie wird der Inhalt dargestellt? Neutral, sachlich, informativ? Emotional gefärbt, als Appell oder polemisch überzeichnet?
Wozu?	Wurde mit dieser Quelle eine Aussage angestrebt oder können wir ihr lediglich eine Aussage entnehmen? Welche Absicht wurde mit dieser Quelle verfolgt? An wen richtete sich diese Aussage?

Dieses Schema lässt sich – leicht abgewandelt – auf alle Quellentypen anwenden:

So können Sie bei einer **Textquelle** fragen:

- ✓ **Wer** hat den Text verfasst? Welche Informationen haben wir über den Verfasser: Name, Geschlecht, Lebensdaten, biografische Einzelheiten, Beruf?
- ✓ **Was** ist der Inhalt der Quelle? Worum geht es in dem Text? Welche Informationen kann man entnehmen?
- ✓ **Wie** wird der Inhalt dargestellt? Sachlich oder polemisch? Übersichtlich oder verschlüsselt? Informativ, argumentierend oder appellativ?
- ✓ **Wozu** wurde der Text angefertigt? Gibt es einen konkreten Anlass? War es eine Auftragsarbeit?

Bei einer **Aussage eines Zeitzeugen** würden Sie fragen:

- ✓ **Wer** hat das gesagt? Welche Informationen haben wir über den Sprecher? In welchem Verhältnis steht er zu dem, was er uns berichtet? Kennt er es aus eigener Anschauung oder vom Hörensagen?
- ✓ **Was** ist der Inhalt der Aussage? Worum geht es? Welche Informationen kann man der Aussage entnehmen?
- ✓ **Wie** wird der Inhalt dargestellt? Sachlich oder aus einer persönlich gefärbten Sicht? Verständlich oder verwirrend?
- ✓ **Wozu** wurde die Aussage gemacht? Was wollte der Sprecher damit erreichen? Will er etwas erklären, vertuschen, beschönigen? Will er sich selbst in den Vordergrund spielen oder hat er etwas zur Sache zu sagen?

Ähnliche Fragen könnte man an einen Gesetzestext, eine Politikerrede, eine Tagebuchaufzeichnung usw. stellen. Schon diese Aufzählung zeigt, dass nicht alle Quellen gleich verlässlich sind. Man muss an Quellen deshalb **kritisch** herangehen und fragen:

- ✓ Wie aussagekräftig ist die Quelle?
- ✓ Wie sicher sind die Ergebnisse?

✓ Wer ist der Adressat dieser Quelle, an wen ist sie gerichtet?
✓ Von wann stammt die Quelle? Wann wurde sie öffentlich gemacht? Wann erzielte sie eine öffentliche Wirkung?
✓ Welche Themen werden nicht angesprochen?
✓ Welche Fragen bleiben offen?

Wichtig sind die **weitergehenden Fragen**; z. B.:
✓ Warum spricht der Verfasser manche Aspekte seines Themas nicht an? Was möchte er vertuschen?
✓ Warum bleiben manche Fragen offen? Sind sie nicht beantwortbar oder will der Verfasser sie nicht beantworten? Warum will er sie nicht beantworten? Will er den Adressaten nicht informieren, sondern überreden oder Propaganda betreiben? Will er bestimmte Ereignisse aus dem öffentlichen Bewusstsein verdrängen oder seine Rolle dabei beschönigen?

3 Der richtige Umgang mit Fragen

Die Beispiele oben zeigen, dass Fragen ganz unterschiedlich gestellt werden können. Auch damit müssen Sie in einer Prüfung umgehen können. Es macht schließlich einen großen Unterschied, ob es heißt:
- „Nennen Sie ..." oder „Erläutern Sie ..." oder
- „Skizzieren Sie ..." oder „Führen Sie aus, warum ...".

Nicht alle Fragen fordern die gleiche Intensität der Bearbeitung. Grundsätzlich können Sie drei Anforderungsniveaus unterscheiden:

Anforderungsniveau	typische Begriffe	Qualität der Antwort
Reproduktion	nennen	aufzählen
	skizzieren	Zusammenhänge knapp darstellen
	wiedergeben	den Inhalt einer Quelle oder eines historischen Zusammenhangs zusammenfassen
	beschreiben, darstellen, darlegen	den Inhalt einer Quelle oder eines historischen Zusammenhangs genau wiedergeben
Reorganisation	gliedern	eine sinnvolle und logische Reihenfolge herausarbeiten (nur im Zusammenhang mit Textquellen)
	erklären, erläutern	unter Einbeziehung von Hintergrundwissen genau beschreiben
	einordnen	einen Sachverhalt mit komplexeren Zusammenhängen verbinden
	kennzeichnen, charakterisieren	Besonderheiten herausarbeiten und benennen
	analysieren, untersuchen, aufzeigen	den Sachverhalt genau untersuchen und die Ergebnisse darstellen
Transfer	nachweisen	eine Quelle oder einen Sachverhalt auf ein bestimmtes Ziel hin
Transfer (Fortsetzung)		untersuchen und beschreiben

	vergleichen, gegenüberstellen	zwei oder mehr Aspekte einer Sache auf Gemeinsamkeiten und Unterschiede befragen
	bewerten, beurteilen	einen oder mehr Aspekte einer Sache unter Einbeziehung historischer Fakten abwägen
	interpretieren	Zusammenhänge oder Fakten vor dem Hintergrund eines konkreten Sachverhaltes deuten
	überprüfen	einen vorgegebenen Aspekt mit dem historischen Zusammenhang in Beziehung setzen
	Stellung nehmen, diskutieren, erörtern	einen historischen Aspekt abwägend – unter Einbeziehung des eigenen Urteils – darstellen

4 Tipps für die schriftliche Prüfung

Wenn Sie eine Arbeit zu einem geschichtlichen Thema schreiben, stehen Sie vor einem Berg von Schwierigkeiten: Sie müssen die Frage bzw. die Quelle richtig verstehen, sich dazu die passenden Gedanken machen und diese auf sinnvolle, nachvollziehbare Art zu Papier bringen. Dies erfordert nicht nur ein hohes Maß an Konzentration, sondern auch einige Kenntnisse über das sinnvolle Vorgehen in schriftlichen Prüfungen.

Was können Sie also tun, um die Ihnen gestellte Aufgabe bestmöglich zu bewältigen?

Tipp 1: Gehen Sie systematisch vor: Wenn Sie sich für eine bestimmte Prüfungsaufgabe entschieden haben, sollten Sie zuerst die **Aufgabenstellung genau analysieren** und Unklarheiten klären.

Tipp 2: Lesen Sie nun die Frage bzw. die zu bearbeitende Textquelle oder schauen Sie sich die Bildquelle ganz genau an. **Markieren Sie Auffälliges**, Unklares und Bezüge innerhalb des Textes oder der Abbildung mit Farbe. Schreiben Sie Ihre Assoziationen, Verweise auf andere Texte, Fragen oder Erklärungsversuche an den Rand.

Tipp 3: Stellen Sie **Bezüge zu den historischen Ereignissen** her, die Sie spontan mit der Quelle in Verbindung bringen. Überlegen Sie, was Sie zum Thema wissen, halten Sie Ihre Gedanken stichpunktartig auf einem Konzeptpapier fest.

Tipp 4: Sie sollten nun die **Fragestellung** noch einmal genau im Hinblick auf das **überprüfen**, was inhaltlich gefragt ist. Notieren Sie, welche weiteren, bisher vernachlässigten Aspekte Sie in Ihre Darstellung aufnehmen müssen. Beachten Sie dabei das **Anforderungsniveau**!

Tipp 5: Halten Sie die Ergebnisse jeder Arbeitsphase schriftlich – **in Stichpunkten** – fest. Es besteht andernfalls die Gefahr, dass Sie Teilergebnisse übersehen und nicht mehr zu Papier bringen. Erstellen Sie dann eine **Grobgliederung** (oft genügt es auch, die Stichwörter sinnvoll zu nummerieren), damit Sie Ihre Ausführungen zusammenhängend niederschreiben können.

Tipp 6: Wenn Sie Ihre Überlegungen niederschreiben wollen, werden Sie feststellen, dass nicht jeder Satz sofort stimmig ist.

Lassen Sie sich davon nicht beirren. **Schreiben** Sie, was Ihnen einfällt – aber schreiben Sie zu Anfang auf ein Nebenblatt. Nach drei oder vier Sätzen haben Sie Ihre anfängliche Schreibblockade vermutlich überwunden, nun sollten Sie die ersten Sätze in überarbeiteter Form zu Papier bringen und so, wie es Ihre Grobgliederung vorsieht, weiterschreiben.

Tipp 7: Teilen Sie sich Ihre **Arbeitszeit** so ein, dass Sie am Ende Ihre Arbeit noch einmal vollständig durchlesen und kleinere Ergänzungen einfügen können. Sie sollten dabei auch auf Rechtschreibung und Zeichensetzung achten und diese gegebenenfalls verbessern.

5 Checkliste: Bearbeitung einer Aufgabe aus dem Fach Geschichte

Diese Checkliste erleichtert Ihnen die Arbeit während der schriftlichen Prüfung, da sie Ihnen hilft, wichtige Arbeitsschritte im Blick zu behalten. Da Sie die Checkliste im Abitur nicht verwenden dürfen, sollten Sie sich diese rechtzeitig einprägen, z. B. bei Ihrer häuslichen Vorbereitung.

Erste Überlegungen:

- ☐ Um welche geschichtliche Epoche, um welches konkrete Ereignis geht es?
- ☐ Was weiß ich über diese Zeit, dieses Ereignis?
- ☐ Wer war an diesem Ereignis beteiligt?
- ☐ Was war das Ergebnis des Konfliktes? Welche Auswirkungen hatte er auf die Geschichte bzw. Politik?

Zur Aufgabenstellung:

- ☐ Was muss ich bei meiner Darstellung beachten?
- ☐ Welche Einzelaufgaben muss ich bearbeiten?
- ☐ Ist es nötig, die Aufgaben in der vorgegebenen Reihenfolge zu bearbeiten?

- ☐ Welche Schwierigkeiten sehe ich auf mich zukommen?
- ☐ Wie viel Zeit steht mir zur Verfügung?

Zur Gliederung:

- ☐ Ergibt sich die Gliederung aus der Fragestellung oder muss ich die Gliederung selbst erstellen?
- ☐ Auf welche Aspekte will ich das Schwergewicht legen, wo kann ich mich kurz fassen?
- ☐ Muss ich eine Gliederung anfertigen, die bewertet wird, oder schreibe ich die Gliederung nur für mich?

Zur Bearbeitung des Fragenkatalogs:

- ☐ Welche Aspekte gehören zu welcher Frage?
- ☐ Welche Beispiele aus meinen historischen Kenntnissen kann ich als Belege hinzuziehen?
- ☐ Wie vertieft muss ich mein Wissen darlegen (Anforderungsniveau!)?
- ☐ Schreibe ich so, dass meine Ausführungen für den interessierten Laien, der keine vertieften Kenntnisse besitzt, verständlich sind?
- ☐ Schreibe ich sachlich?

Zur Durchsicht der Niederschrift:

- ☐ Habe ich meine Darstellung noch einmal auf inhaltliche und sprachliche Richtigkeit überprüft?
- ☐ Habe ich eine sachliche, begrifflich angemessene Sprache verwendet?
- ☐ Ist die Arbeit durchgängig im Präteritum abgefasst?
- ☐ Habe ich alle Untersuchungsaspekte behandelt?
- ☐ Passen die Antworten zum vorgegebenen Anforderungsniveau?

6 Tipps für die mündliche Prüfung

Die mündliche Abiturprüfung (Colloquium) ist für die meisten Prüflinge eine ungewohnte, so nie vorher geübte Situation. Sie sollten sich dessen bewusst sein und sich auch auf diese Prüfung gezielt vorbereiten.
Wie können Sie sich sinnvoll auf die mündliche Prüfung vorbereiten?

Tipp 1: **Besprechen** Sie vorab mit Ihrem Lehrer, ob Themenbereiche abgesprochen werden können.

Tipp 2: **Erarbeiten** Sie sich dann gezielt Ihr Schwerpunktthema mithilfe von Unterrichtsmitschriften und Arbeitsblättern und arbeiten Sie die betreffenden Seiten in Ihrem Geschichtsbuch durch.

Tipp 3: **Vertiefen** Sie Ihre Kenntnisse, indem Sie andere Lehrbücher (z. B. aus der Bibliothek der Schule) oder auch populärwissenschaftliche Darstellungen (z. B. aus dem Bücherschrank der Eltern oder aus der Stadt- und Gemeindebücherei) zu den wichtigen Themenbereichen durcharbeiten, anlesen und auch nur überfliegen – je nachdem, ob Sie glauben, dass das Buch Ihnen nützen kann oder nicht.

Tipp 4: Seien Sie sich bewusst, dass es **zwei Arten von Aufgabenstellungen** gibt. Möglicherweise wird Ihnen ein Satzthema vorgelegt, mit dem Sie sich argumentativ auseinander setzen müssen. Üblicher sind aber Themen, die auf einer historischen Quelle basieren (z. B. Text, Bild oder Karte). Dazu bekommen Sie Fragen vorgelegt, mit deren Hilfe Sie die Quelle erläutern und Ihre darüber hinausgehenden Kenntnisse zu Ihrem Schwerpunktgebiet darlegen sollen.

Tipp 5: Bedenken Sie, dass in der mündlichen Abiturprüfung neben Ihren **Fachkenntnissen** auch die **Qualität Ihres Vortrags** und Ihre **Gesprächsfähigkeit** beurteilt werden.

Tipp 6: Nützen Sie die Vorbereitungszeit vor der Prüfung (meist 20 oder 30 Minuten) zur Auseinandersetzung mit der gestellten Aufgabe und der beigegebenen Quelle. Notieren Sie Ihre Gedanken nur in **Stichpunkten**, keinesfalls in ganzen Sätzen – dazu ist die Zeit zu knapp. Es besteht zudem die Gefahr, dass Sie in der Prüfung vom Konzeptblatt ablesen, anstatt – wie verlangt – frei zu sprechen.

Register

Adenauer, Konrad (1876–1967) 20 f., 35 ff., 40 f.
Anti-Hitler-Koalition 9
Atlantik-Charta 9
Außerparlamentarische Opposition (APO) 42 f.
Baader-Meinhof-Gruppe 44, 67
Bizone 18, 19, 28
Block antifaschistisch-demokratischer Parteien (Antifa-Block) 24
Bodenreform 25
Botschaftsflüchtlinge 79
Brandt, Willy (1913–1992) 42, 62 ff., 64, 84
Breschnew, Leonid (1906–1982) 54, 56
Bush, George H. (geb.1924) 86 f., 104
Chruschtschow, Nikita (1894–1971) 29 f., 47 ff.
Churchill, Winston (1874–1965) 9, 12, 33
Clinton, Bill (geb. 1946) 87, 104
Containment-Politik 8, 29, 38
De Gaulle, Charles (1890–1970) 36, 59
Deutschlandvertrag 36, 53
Displaced persons (DPs) 10
Dubček, Alexander (1921–1992) 32 f., 88
Dulles, John Foster (1888–1959) 29
Eiserner Vorhang 8
Entnazifizierung 14 f.
Erhard, Ludwig (1897-1977) 39 ff.
Europäische Atomgemeinschaft (Euratom) 34, 53
Europäische Gemeinschaft (EG) 34, 59, 89, 95
Europäische Gemeinschaft für Kohle und Stahl (EGKS, Montanunion) 34, 36, 53
Europäische Union (EU) 87, 89, 101
Europäische Verteidigungsgemeinschaft (EVG) 34, 36
Europäische Wirtschaftsgemeinschaft (EWG) 34, 53
Europäischer Wirtschaftsraum (EWR) 89, 104
Europäisches Parlament 59, 84
Europarat 36
Extremistenerlass 63
Frankfurter Dokumente 20
Freie Deutsche Jugend (FDJ) 75

Freier Deutscher Gewerkschaftsbund (FDGB) 24
Friedensbewegung 68
Gemeinschaft Unabhängiger Staaten (GUS) 86
Genscher, Hans-Dietrich (geb. 1927) 67, 69 f., 79
Glasnost 57, 85
Golfkrieg 86, 104
Gorbatschow, Michail (geb. 1931) 56 f., 60, 79, 85, 91, 95 f., 104
Große Koalition 42 f.
Grotewohl, Otto (1894–1964) 26
Grundgesetz 20 f., 28, 36, 43, 64, 97
Gruppe Ulbricht 24
Hallstein-Doktrin 37
Herzog, Roman (geb. 1934) 102
Honecker, Erich (1912–1993) 71, 74 ff., 79 f., 84 f.
Hussein, Saddam (geb. 1937) 86 f., 103
Inoffizielle Mitarbeiter der Stasi (IM) 100
Intermediate Nuclear Forces (INF) 57, 84
Jelzin, Boris (geb.1931) 85 f.
Johnson, Lyndon B. (1908–1973) 31
Kennedy, John F. (1917–1963) 30 f., 51
Kiesinger, Kurt Georg (1904–1988) 41 f.
Kohl, Helmut (geb. 1930) 67, 70 ff., 81, 84, 91 f., 95, 99, 101
Kominform 8
Konstruktives Misstrauensvotum 69
Konzept der angemessenen Reaktion 29
Konzept der massiven Vergeltung 29
Konzertierte Aktion 42
Korea-Krieg 29, 36, 53
Konferenz für Sicherheit und Zusammenarbeit in Europa (KSZE) 55 f., 60, 74, 84
Krenz, Egon (geb. 1937) 80
Kuba-Krise 30 f., 53, 54
Landwirtschaftliche Produktionsgenossenschaften (LPG) 47
Lastenausgleich 39
Londoner Außenministerkonferenz 19
Maastricht-Vertrag 89, 104
Maizière, Lothar de (geb. 1940) 92, 96
Marshallplan-Hilfe (European Recovery Program, ERP) 8, 12, 18, 39, 47
Merkel, Angela (geb. 1954) 102
Mitterand, Francois (1916–1996) 95

Modrow, Hans (geb.1928) 81, 91
Nachrüstung 68
NATO-Doppelbeschluss 68
Nischengesellschaft 74
Nixon, Richard (geb. 1913) 31, 54
North Atlantic Treaty Organization (NATO) 12, 28, 34, 36, 40 f., 46, 68 f., 84, 87, 95, 101 f.
Notstandsgesetzgebung 43
One-World-Politik 7 f.
Organization for European Economic Cooperation (OEEC) 12, 28
Ostverträge 64 f., 84
Pariser Verträge 34, 53
Parlamentarischer Rat 20
Partei des demokratischen Sozialismus (PDS) 81
Perestroika 57, 85
Planwirtschaft 25, 47
Potsdamer Abkommen 9 f., 16, 18, 23, 24, 28, 38
Rat für gegenseitige Wirtschaftshilfe (RGW) 46, 53
Rau, Johannes (geb. 1931) 102
Reagan, Ronald (1911–2004) 56, 58
Roll-Back-Politik 29, 38
Römische Verträge 34, 53
Rote-Armee-Fraktion 63, 67 f.
Runder Tisch 82
SALT-Verträge 54
Schabowski, Günter (geb. 1929) 80
Schäuble, Wolfgang (geb. 1942) 94, 102
Schengener Abkommen 89, 104
Schiller, Karl (1911–1994) 42 f.
Schmidt, Helmut (geb. 1918) 66 ff., 84
Schröder, Gerhard (geb. 1944) 102 f., 104
Schumacher, Kurt (1895–1952) 17
Schuman-Plan 33, 53
Sowjetisch Besetzte Zone (SBZ) 11 ff., 18 f., 23 ff., 28
Sowjetische Aktiengesellschaft (SAG) 25
Sowjetische Militäradministration in Deutschland (SMAD) 23 ff.
Sowjetisierungspolitik 8, 23 f.
Sozialistische Einheitspartei Deutschlands (SED) 24, 46, 77, 80 ff.
Soziale Marktwirtschaft 35, 39
Sozialistischer Deutscher Studentenbund (SDS) 44
Spiegel-Affäre 40
Sputnik-Schock 29
Staatssicherheitsdienst (Stasi) 76 f.
Stabilitätsgesetz 42

Stalin, Josef W. (1879 – 1953) 9, 29, 37 f., 47 f.
Strategic Arms Limitation Talks (SALT I und II) 54 f.
Strategic Defense Initiative (= satellitengesteuertes Raketenabwehrprogramm, SDI) 56
Strauß, Franz Josef (1915 – 1988) 40, 42, 67, 72, 78
Subsidiaritätsprinzip 89
Tag der deutschen Einheit 48, 94
Treuhandanstalt 94, 99
Trizone 19
Ulbricht, Walter (1893 – 1973) 23 f., 48 ff., 74, 84
Ungarn-Aufstand 29, 53
Vereinte Nationen (UN) 7 ff.
Vietnam-Krieg 31, 44, 53, 56, 84
Volkseigene Betriebe (VEB) 25, 47
Volkskammer 26 f., 78, 83, 91
Volkskongressbewegung 25 f.
Volkspolizei (VOPO) 48
Währungsreform 18, 25, 28
Warschauer Pakt 32, 46, 53, 72, 79, 104
Weizsäcker, Richard von (geb. 1920) 70
Westeuropäische Union (WEU) 34, 36 f.
Wiederbewaffnung 36
Wirtschaftswunder 39 f.
Zehn-Punkte-Programm 81
Zwei-Lager-Theorie 8
Zwei-Plus-Vier-Gespräche 96 f.